쉽고 재미있게
생각하는 연산!
연산력 수학
노크

연산력 수학 노크 정답

141 그림 보고 더하기

6 · 7

● 닭이 모두 몇 마리인지 ☐ 안에 알맞은 수를 쓰세요.

3 + 1 = 4

4 + 2 = 6

4 + 3 = 7

5 + 3 = 8

● 모두 몇 개인지 ☐ 안에 알맞은 수를 쓰세요.

2 + 1 = 3

3 + 1 = 4

4 + 4 = 8

5 + 2 = 7

6 + 3 = 9

8 + 1 = 9

---

8 · 9

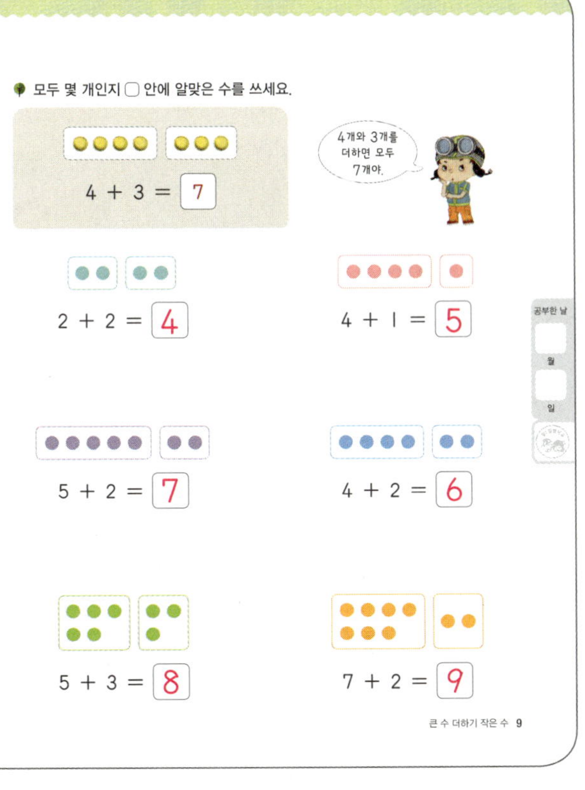

● 과일은 모두 몇 개인지 ☐ 안에 알맞은 수를 쓰세요.

3 + 2 = 5

4 + 2 = 6

5 + 4 = 9

6 + 2 = 8

● 모두 몇 개인지 ☐ 안에 알맞은 수를 쓰세요.

2 + 2 = 4

4 + 1 = 5

5 + 2 = 7

4 + 2 = 6

5 + 3 = 8

7 + 2 = 9

공부한 날
월
일

연산력 수학 노크 정답

10·11

142 뛰어서 더하기

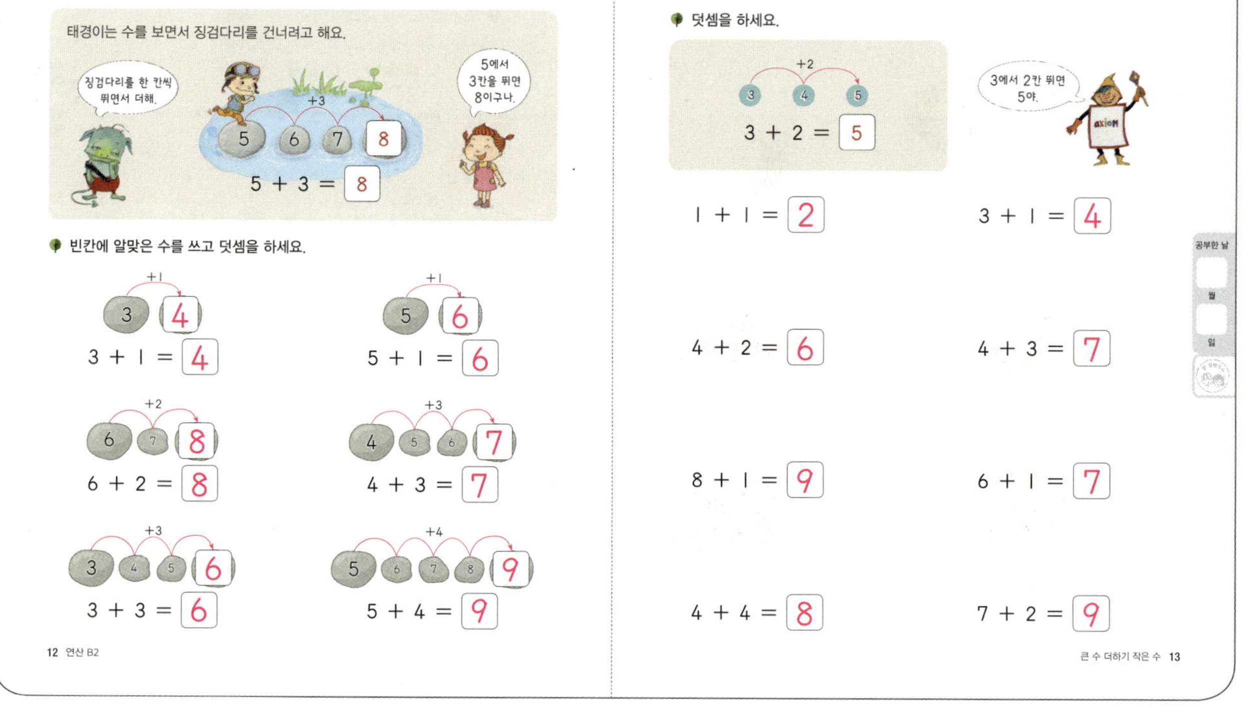

12·13

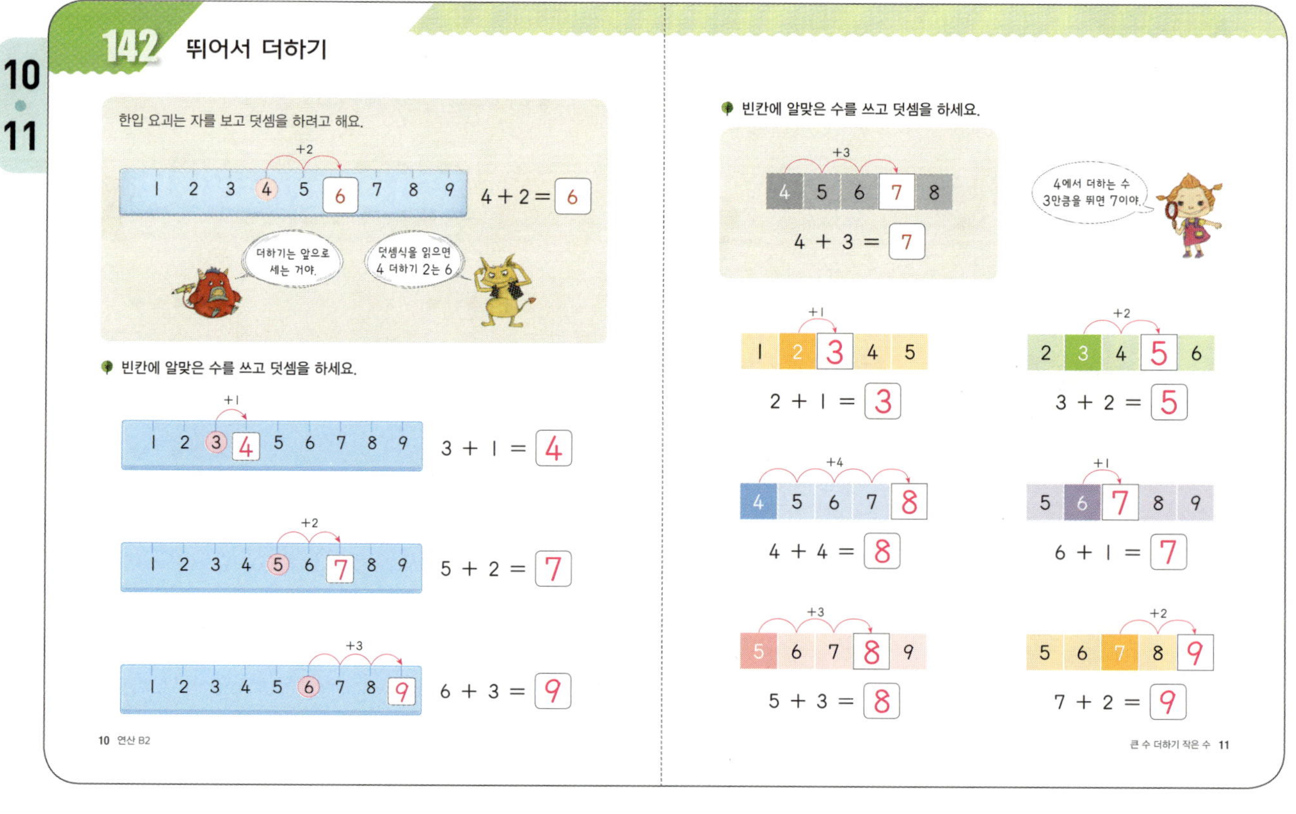

143 가로셈과 세로셈

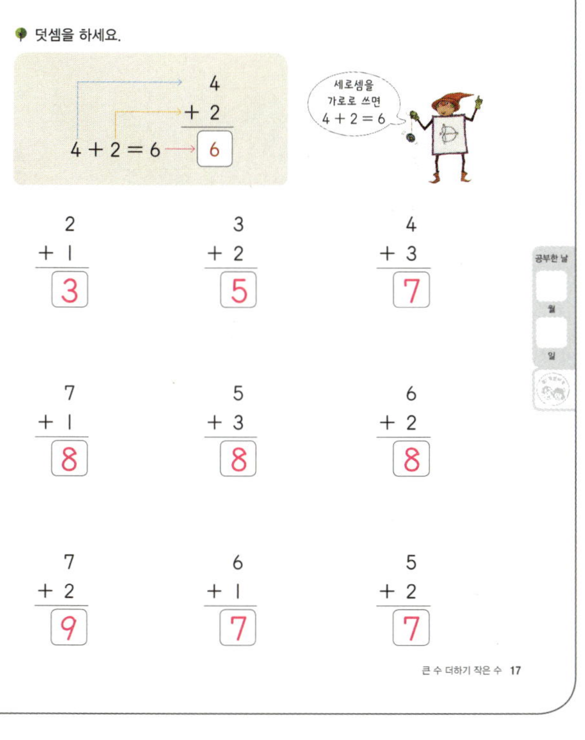

🌱 가로셈과 세로셈을 하여 ☐ 안에 알맞은 수를 쓰세요.

$2 + 1 = 3$ $2 + 1 = 3$

$4 + 1 = 5$ $4 + 1 = 5$

$6 + 2 = 8$ $6 + 2 = 8$

$7 + 2 = 9$ $7 + 2 = 9$

🌱 가로셈과 세로셈을 하여 ☐ 안에 알맞은 수를 쓰세요.

$$3 + 1 = 4 \quad \begin{array}{r} 3 \\ + 1 \\ \hline 4 \end{array}$$

$$2 + 4 = 6 \quad \begin{array}{r} 2 \\ + 4 \\ \hline 6 \end{array}$$

$$5 + 3 = 8 \quad \begin{array}{r} 5 \\ + 3 \\ \hline 8 \end{array}$$

$$3 + 2 = 5 \quad \begin{array}{r} 3 \\ + 2 \\ \hline 5 \end{array}$$

$$8 + 1 = 9 \quad \begin{array}{r} 8 \\ + 1 \\ \hline 9 \end{array}$$

$$4 + 3 = 7 \quad \begin{array}{r} 4 \\ + 3 \\ \hline 7 \end{array}$$

🌱 가로와 세로로 두 수를 각각 더하여 ☐ 안에 알맞은 수를 쓰세요.

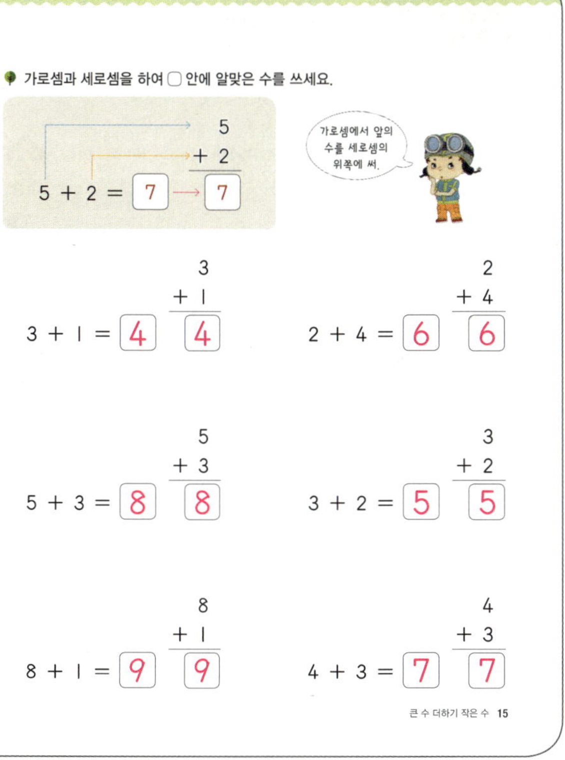

🌱 덧셈을 하세요.

$$\begin{array}{r} 2 \\ + 1 \\ \hline 3 \end{array} \qquad \begin{array}{r} 3 \\ + 2 \\ \hline 5 \end{array} \qquad \begin{array}{r} 4 \\ + 3 \\ \hline 7 \end{array}$$

$$\begin{array}{r} 7 \\ + 1 \\ \hline 8 \end{array} \qquad \begin{array}{r} 5 \\ + 3 \\ \hline 8 \end{array} \qquad \begin{array}{r} 6 \\ + 2 \\ \hline 8 \end{array}$$

$$\begin{array}{r} 7 \\ + 2 \\ \hline 9 \end{array} \qquad \begin{array}{r} 6 \\ + 1 \\ \hline 7 \end{array} \qquad \begin{array}{r} 5 \\ + 2 \\ \hline 7 \end{array}$$

정답 3

18 · 19

144 □가 있는 더하기

● 구슬이 주머니에 적힌 수만큼 있도록 ○를 더 그리고 □ 안에 알맞은 수를 쓰세요.

$4 + 1 = 5$

$4 + 2 = 6$

$3 + 2 = 5$

$5 + 3 = 8$

● □ 안에 알맞은 수를 쓰세요.

$3 + 1 = 4$

$2 + 1 = 3$

$4 + 3 = 7$

$6 + 2 = 8$

$5 + 1 = 6$

$6 + 1 = 7$

$4 + 4 = 8$

$6 + 3 = 9$

20 · 21

● 그림을 보고 □ 안에 알맞은 수를 쓰세요.

$2 + 2 = 4$

$4 + 2 = 6$

$3 + 1 = 4$

$6 + 3 = 9$

$7 + 2 = 9$

$5 + 4 = 9$

● □ 안에 알맞은 수를 쓰세요.

$1 + 1 = 2$

$2 + 1 = 3$

$4 + 2 = 6$

$5 + 4 = 9$

$6 + 1 = 7$

$3 + 5 = 8$

$6 + 3 = 9$

$5 + 1 = 6$

공부한 날
월
일

145 덧셈표

🌱 빈칸에 알맞은 수를 써넣어 덧셈표를 완성하세요.

+	2	3	4
4	6	7	8

4+2=6
4+3=7
4+4=8

+	1	2	3
5	6	7	8

+	1	2	3
3	4	5	6

+	1	2	3
6	7	8	9

🌱 빈칸에 알맞은 수를 써넣어 덧셈표를 완성하세요.

+	1	2	3
5	6 (5+1)	7 (5+2)	8 (5+3)

5+1=6
5+2=7
5+3=8

+	2	3	4
3	5	6	7

+	2	3	4
4	6	7	8

+	2	3	4
5	7	8	9

+	1	2	3
6	7	8	9

+	1	2	3
4	5	6	7

+	3	4	5
4	7	8	9

🌱 빈칸에 알맞은 수를 써넣어 덧셈표를 완성하세요.

+	1	2
2	3	4
3	4	5

2+1=3
2+2=4
3+1=4
3+2=5

+	2	3
4	6	7
5	7	8

+	1	2
6	7	8
7	8	9

+	2	3
4	6	7
5	7	8

🌱 빈칸에 알맞은 수를 써넣어 덧셈표를 완성하세요.

+	1	2
3	4 (3+1)	5 (3+2)
4	5 (4+1)	6 (4+2)

아래줄을 채우면
4+1=5,
4+2=6

+	2	3
4	6	7
5	7	8

4+2=6
4+3=7
5+2=7
5+3=8

+	2	3
3	5	6
4	6	7

+	1	2
6	7	8
7	8	9

+	1	2
2	3	4
3	4	5

+	1	2
5	6	7
6	7	8

+	2	3
5	7	8
6	8	9

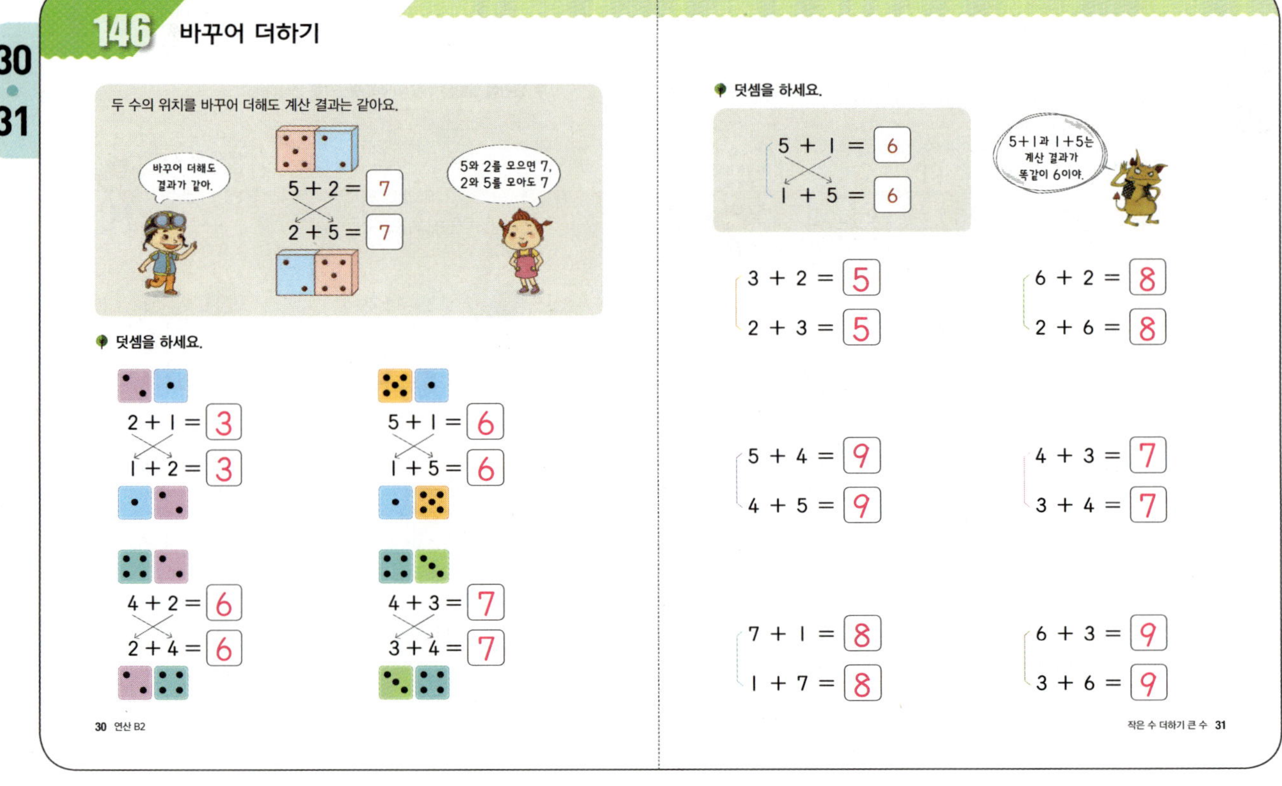

무엇을 배웠을까요

26
27

모두 몇 마리인지 ⬜ 안에 알맞은 수를 쓰세요.

5 + 1 = 6

4 + 3 = 7

빈칸에 알맞은 수를 쓰고 덧셈을 하세요.

+2
1 2 3 ④ 5 6 7 8 9
4 + 2 = 6

+3
1 2 3 ④ 5 6 7 8 9
4 + 3 = 7

덧셈을 하세요.
7 + 1 = 8
5 + 4 = 9

26 연산 B2

가로셈과 세로셈을 하여 ⬜ 안에 알맞은 수를 쓰세요.

5 + 3 = 8
5
+ 3
8

6 + 1 = 7
6
+ 1
7

공부한 날
월
일

⬜ 안에 알맞은 수를 쓰세요.
5 + 2 = 7
7 + 1 = 8
4 + 2 = 6
6 + 3 = 9

빈칸에 알맞은 수를 써넣어 덧셈표를 완성하세요.

+ 1 2 3
4 5 6 7

+ 2 3 4
5 7 8 9

큰 수 더하기 작은 수 27

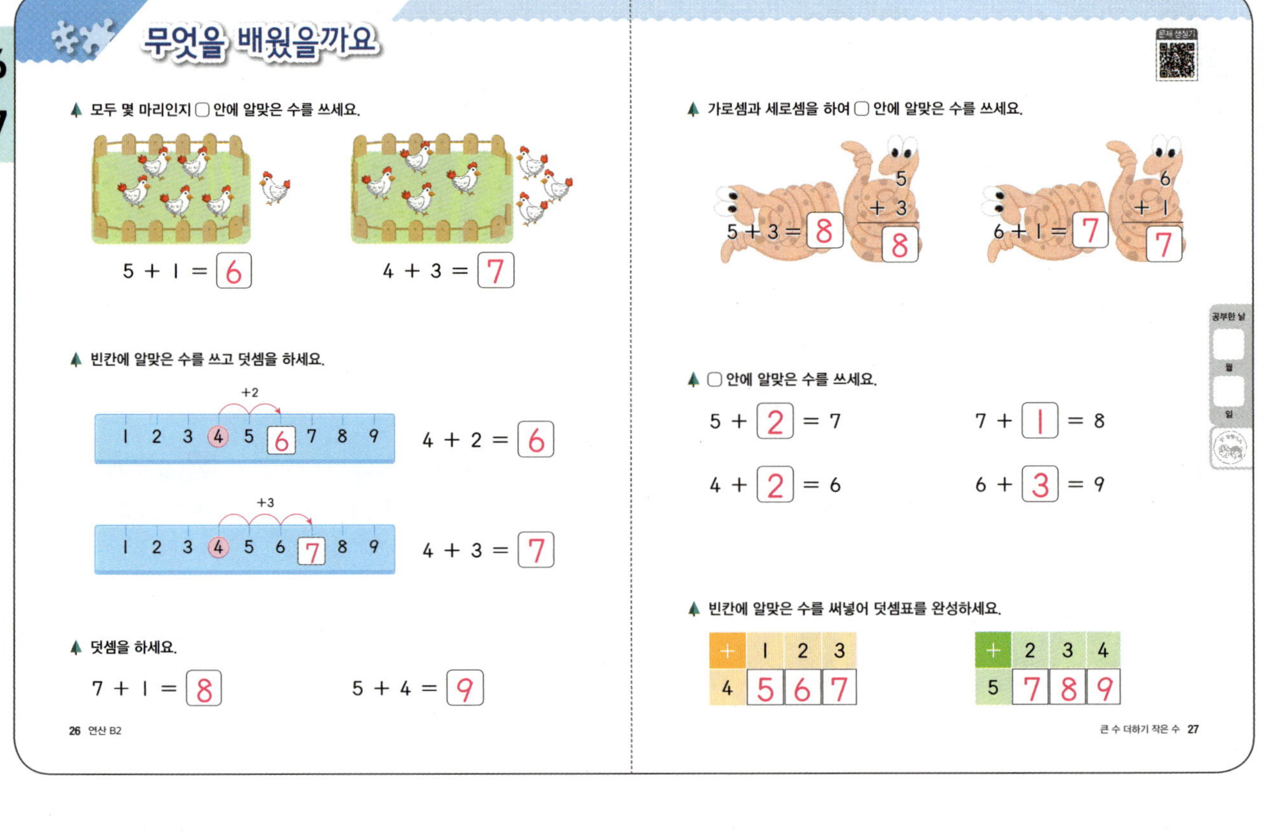

146 바꾸어 더하기

30
31

두 수의 위치를 바꾸어 더해도 계산 결과는 같아요.

바꾸어 더해도
결과가 같아.

5 + 2 = 7
2 + 5 = 7

5와 2를 모으면 7,
2와 5를 모아도 7

덧셈을 하세요.

2 + 1 = 3
1 + 2 = 3

5 + 1 = 6
1 + 5 = 6

4 + 2 = 6
2 + 4 = 6

4 + 3 = 7
3 + 4 = 7

30 연산 B2

덧셈을 하세요.

5 + 1 = 6
1 + 5 = 6

5+1과 1+5는
계산 결과가
똑같이 6이야.

3 + 2 = 5
2 + 3 = 5

6 + 2 = 8
2 + 6 = 8

5 + 4 = 9
4 + 5 = 9

4 + 3 = 7
3 + 4 = 7

7 + 1 = 8
1 + 7 = 8

6 + 3 = 9
3 + 6 = 9

작은 수 더하기 큰 수 31

태경이는 막대의 길이를 알아보려고 해요.

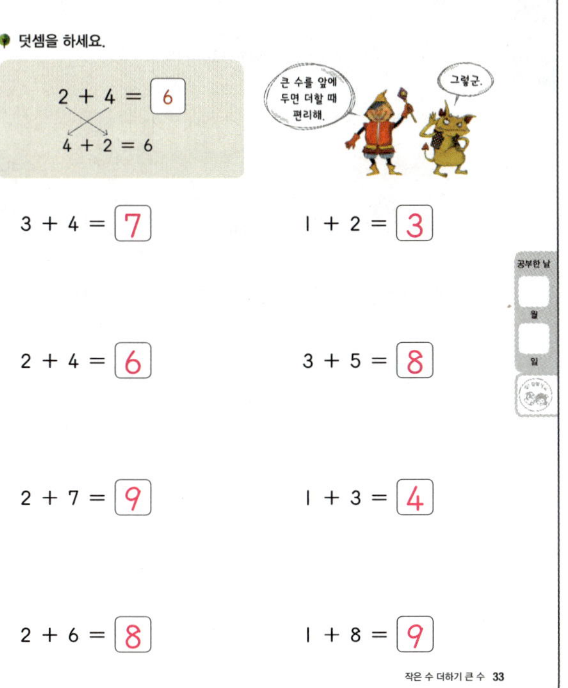

$1 + 4 = 5$

$4 + 1 = 5$

🌱 그림을 보고 덧셈을 하세요.

$1 + 7 = 8$

$7 + 1 = 8$

$3 + 6 = 9$

$6 + 3 = 9$

$2 + 6 = 8$

$6 + 2 = 8$

🌱 덧셈을 하세요.

$$2 + 4 = 6$$
$$4 + 2 = 6$$

$3 + 4 = 7$

$1 + 2 = 3$

$2 + 4 = 6$

$3 + 5 = 8$

$2 + 7 = 9$

$1 + 3 = 4$

$2 + 6 = 8$

$1 + 8 = 9$

공부한 날
월
일

147 큰 수를 찾아 더하기

지오와 태경이는 구슬을 모으려고 해요.

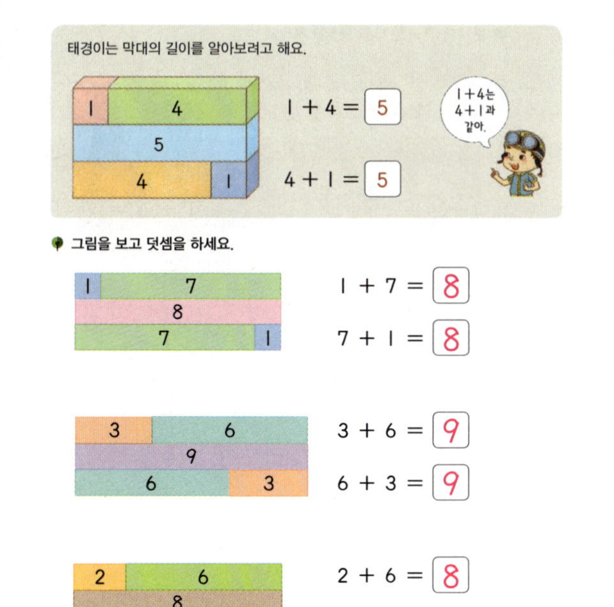

$3 + 4 = 7$

🌱 큰 수만큼 더 색칠하고 덧셈을 하세요.

$1 + 3 = 4$

$2 + 3 = 5$

$2 + 6 = 8$

$1 + 5 = 6$

$2 + 7 = 9$

$3 + 5 = 8$

🌱 큰 수에 ○표 하고 덧셈을 하세요.

$$2 + 6 = 8$$
$$6 + 2 = 8$$

$1 + 3 = 4$

$1 + 2 = 3$

$2 + 5 = 7$

$4 + 5 = 9$

$2 + 6 = 8$

$2 + 3 = 5$

$1 + 5 = 6$

$3 + 6 = 9$

36 · 37

지오와 태경이는 뛰어 세어 덧셈을 하려고 해요.

$$2 + 3 = 5$$
$$3 + 2 = 5$$

🌱 큰 수에서 작은 수만큼 뛰어 세어 ☐ 안에 알맞은 수를 쓰세요.

$$1 + 6 = 7$$
$$6 + 1 = 7$$

$$2 + 4 = 6$$
$$4 + 2 = 6$$

$$3 + 5 = 8$$
$$5 + 3 = 8$$

$$2 + 7 = 9$$
$$7 + 2 = 9$$

🌱 큰 수에 ◯표 한 다음, 덧셈을 하세요.

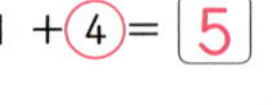

$$1 + 7 = 8$$

$$3 + 4 = 7$$
$$1 + 4 = 5$$

$$2 + 4 = 6$$
$$1 + 3 = 4$$

$$2 + 3 = 5$$
$$4 + 5 = 9$$

$$1 + 7 = 8$$
$$2 + 5 = 7$$

38 · 39

148 가로셈과 세로셈

지오와 태경이는 블록을 쌓고 있어요.

$$2 + 3 = 5$$

🌱 가로셈과 세로셈을 하여 덧셈을 하세요.

$$1 + 3 = 4 \qquad \begin{matrix} 1 \\ +\,3 \\ \hline 4 \end{matrix}$$

$$2 + 4 = 6 \qquad \begin{matrix} 2 \\ +\,4 \\ \hline 6 \end{matrix}$$

$$3 + 5 = 8 \qquad \begin{matrix} 3 \\ +\,5 \\ \hline 8 \end{matrix}$$

$$1 + 6 = 7 \qquad \begin{matrix} 1 \\ +\,6 \\ \hline 7 \end{matrix}$$

🌱 가로셈과 세로셈을 하여 덧셈을 하세요.

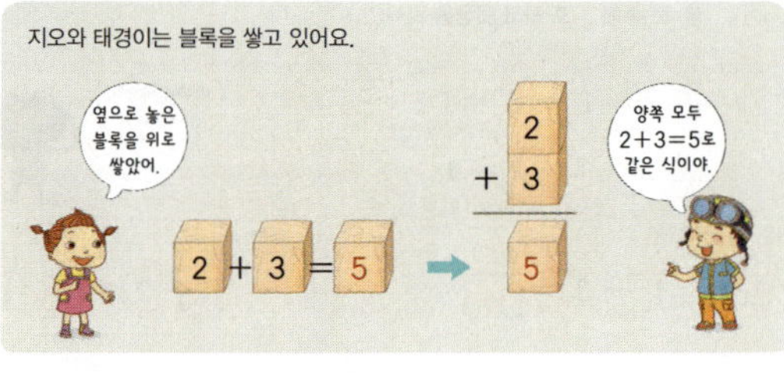

$$1 + 4 = 5 \rightarrow \begin{matrix} 1 \\ +\,4 \\ \hline 5 \end{matrix}$$

$$2 + 5 = 7 \rightarrow \begin{matrix} 2 \\ +\,5 \\ \hline 7 \end{matrix}$$

$$1 + 2 = 3 \qquad \begin{matrix} 1 \\ +\,2 \\ \hline 3 \end{matrix}$$

$$3 + 4 = 7 \qquad \begin{matrix} 3 \\ +\,4 \\ \hline 7 \end{matrix}$$

$$2 + 6 = 8 \qquad \begin{matrix} 2 \\ +\,6 \\ \hline 8 \end{matrix}$$

$$1 + 5 = 6 \qquad \begin{matrix} 1 \\ +\,5 \\ \hline 6 \end{matrix}$$

$$3 + 6 = 9 \qquad \begin{matrix} 3 \\ +\,6 \\ \hline 9 \end{matrix}$$

지오와 태경이는 퍼즐 맞추기를 하고 있어요.

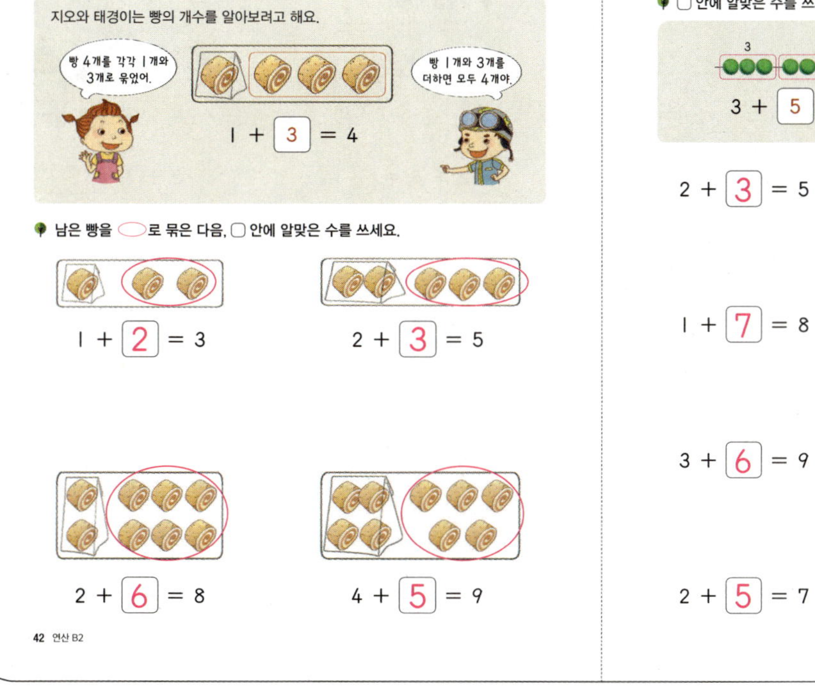

🌱 가로 방향과 세로 방향으로 두 수를 각각 더하여 ☐ 안에 알맞은 수를 쓰세요.

3 + 4 → **7**
4
7

1 + 4 → **5**
4
5

2 + 6 → **8**
6
8

4 + 5 → **9**
5
9

🌱 덧셈을 하세요.

$1 + 5 = 6 → $ **6**

세로셈을 가로로 쓰면 1+5=6

$$\begin{array}{r} 2 \\ + 3 \\ \hline \mathbf{5} \end{array} \qquad \begin{array}{r} 1 \\ + 6 \\ \hline \mathbf{7} \end{array} \qquad \begin{array}{r} 1 \\ + 3 \\ \hline \mathbf{4} \end{array}$$

$$\begin{array}{r} 2 \\ + 5 \\ \hline \mathbf{7} \end{array} \qquad \begin{array}{r} 3 \\ + 6 \\ \hline \mathbf{9} \end{array} \qquad \begin{array}{r} 2 \\ + 4 \\ \hline \mathbf{6} \end{array}$$

$$\begin{array}{r} 1 \\ + 7 \\ \hline \mathbf{8} \end{array} \qquad \begin{array}{r} 3 \\ + 4 \\ \hline \mathbf{7} \end{array} \qquad \begin{array}{r} 4 \\ + 5 \\ \hline \mathbf{9} \end{array}$$

공부한 날
월
일

---

149 ☐가 있는 더하기

지오와 태경이는 빵의 개수를 알아보려고 해요.

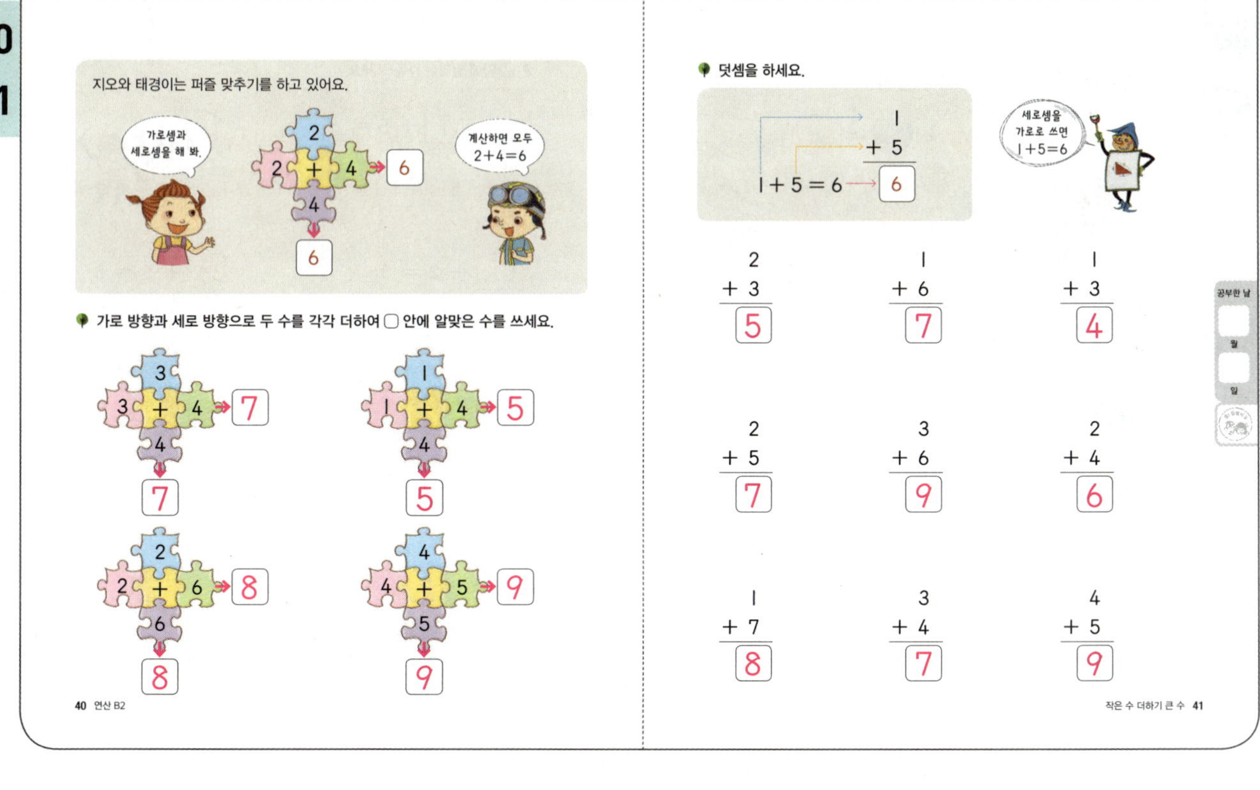

🌱 남은 빵을 ◯로 묶은 다음, ☐ 안에 알맞은 수를 쓰세요.

$1 + $ **2** $ = 3$

$2 + $ **3** $ = 5$

$2 + $ **6** $ = 8$

$4 + $ **5** $ = 9$

🌱 ☐ 안에 알맞은 수를 쓰세요.

$3 + $ **5** $ = 8$

3개 묶음과 5개 묶음을 더하면 모두 8개야.

$2 + $ **3** $ = 5$ $3 + $ **4** $ = 7$

$1 + $ **7** $ = 8$ $1 + $ **3** $ = 4$

$3 + $ **6** $ = 9$ $2 + $ **4** $ = 6$

$2 + $ **5** $ = 7$ $1 + $ **8** $ = 9$

44 · 45

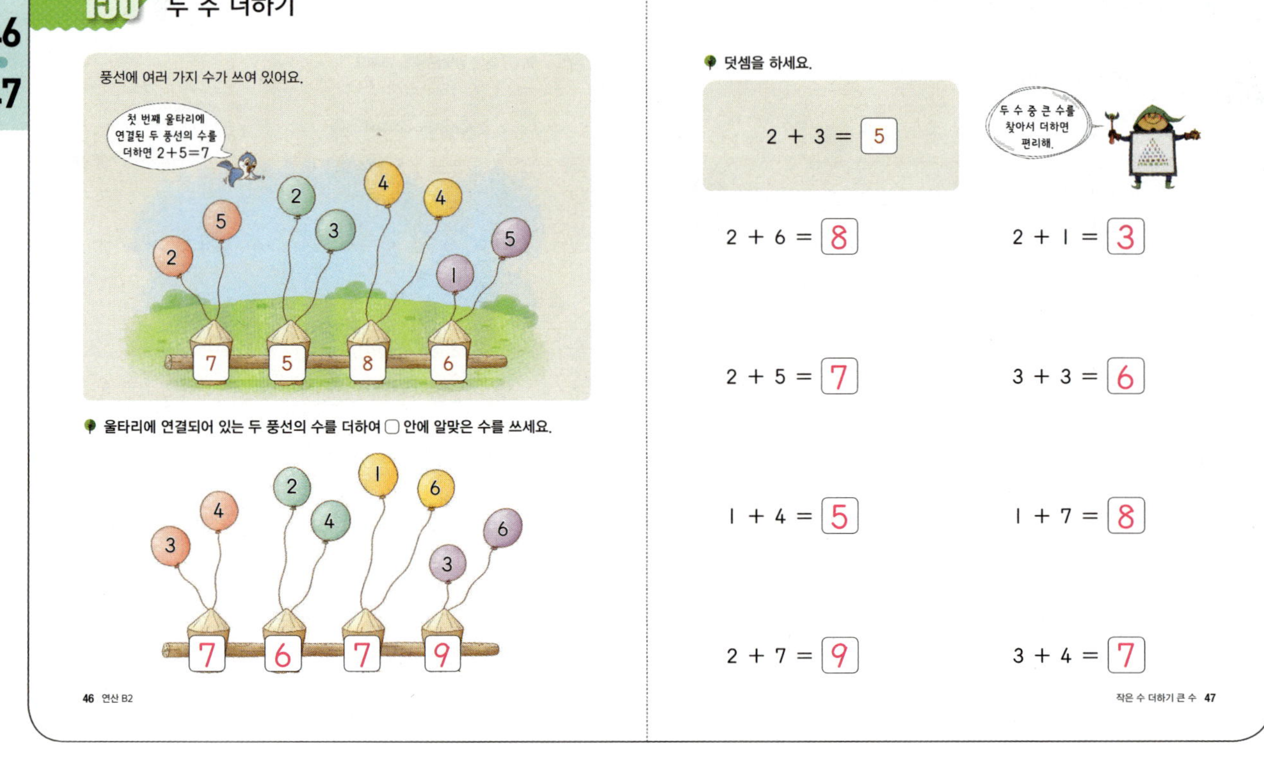

🌳 그림을 보고 빈 곳에 알맞은 수를 쓰세요.

2 + 3 = 5
3 + 2 = 5
1 + 6 = 7
6 + 1 = 7
1 + 8 = 9
8 + 1 = 9

1 + 5 = 6
5 + 1 = 6
2 + 6 = 8
6 + 2 = 8
3 + 5 = 8
5 + 3 = 8

🌳 ☐ 안에 알맞은 수를 쓰세요.

1 + 5 = 6
5 + 1 = 6

1 + 5 = 6,
5 + 1 = 6

1 + 2 = 3   3 + 5 = 8

2 + 6 = 8   2 + 4 = 6

3 + 6 = 9   2 + 3 = 5

2 + 5 = 7   1 + 7 = 8

공부한 날
월
일

150 두 수 더하기

46 · 47

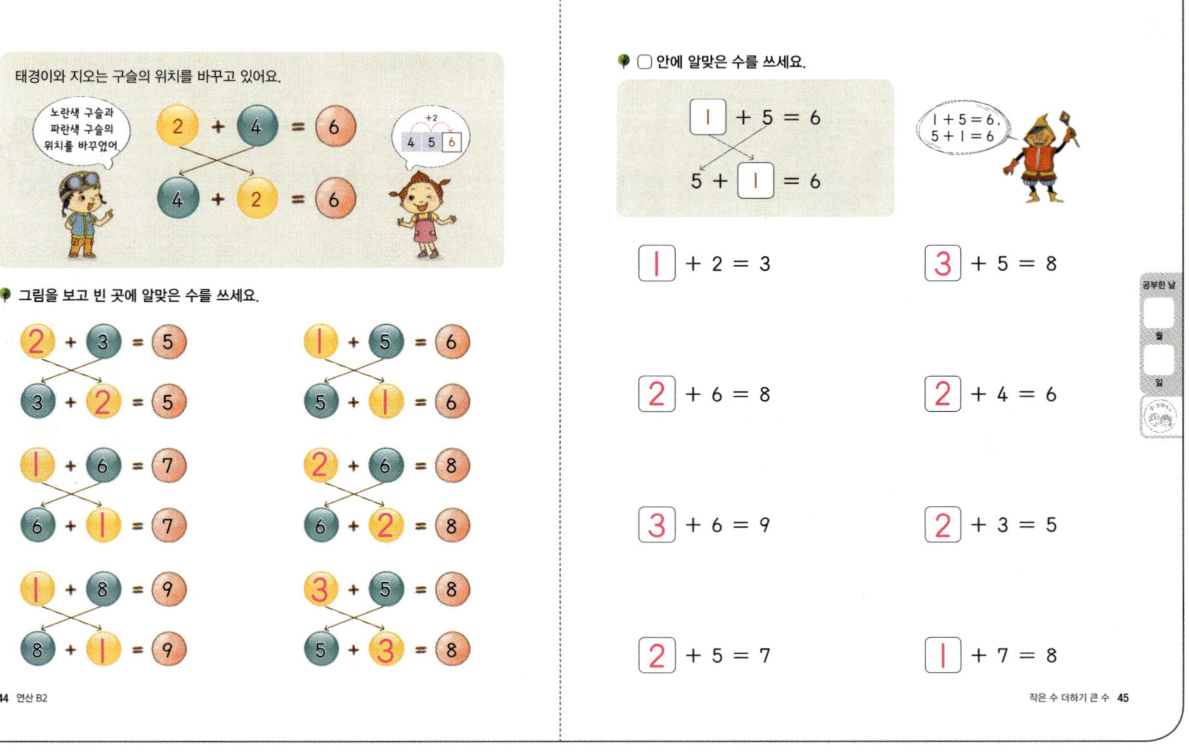

🌳 울타리에 연결되어 있는 두 풍선의 수를 더하여 ☐ 안에 알맞은 수를 쓰세요.

🌳 덧셈을 하세요.

2 + 3 = 5

두 수 중 큰 수를 찾아서 더하면 편리해.

2 + 6 = 8   2 + 1 = 3

2 + 5 = 7   3 + 3 = 6

1 + 4 = 5   1 + 7 = 8

2 + 7 = 9   3 + 4 = 7

48 · 49

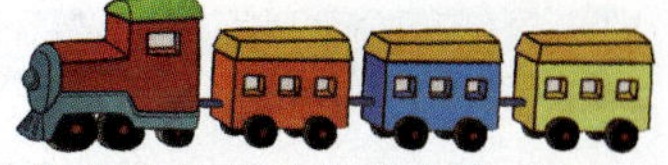

계산 결과가 같은 것을 찾으려고 해요.

계산 결과가 같은 것끼리 선으로 이으세요.

덧셈을 하세요.

2 + 7 = 9

2+7을 7+2로 바꾸어 더해도 돼.

1 + 2 = 3　　1 + 3 = 4

4 + 4 = 8　　2 + 4 = 6

4 + 5 = 9　　3 + 4 = 7

3 + 3 = 6　　1 + 8 = 9

공부한 날 월 일

50 · 51

무엇을 배웠을까요

덧셈을 하세요.

3 + 2 = 5
2 + 3 = 5

5 + 3 = 8
3 + 5 = 8

큰 수에 ○표 한 다음, 덧셈을 하세요.

3 + (6) = 9　　2 + (5) = 7

그림을 보고 빈 곳에 알맞은 수를 쓰세요.

3 + 6 = 9
6 + 3 = 9

2 + 5 = 7
5 + 2 = 7

문제 생성기

가로 방향과 세로 방향으로 두 수를 각각 더하여 ▢ 안에 알맞은 수를 쓰세요.

▢ 안에 알맞은 수를 쓰세요.

2 + 6 = 8　　2 + 3 = 5

계산 결과가 같은 것끼리 선으로 이으세요.

공부한 날 월 일

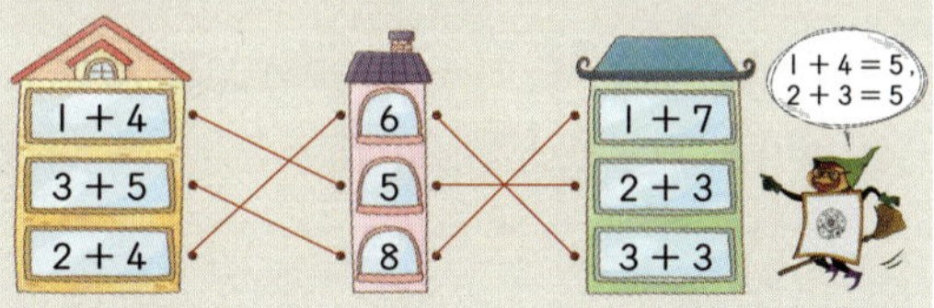

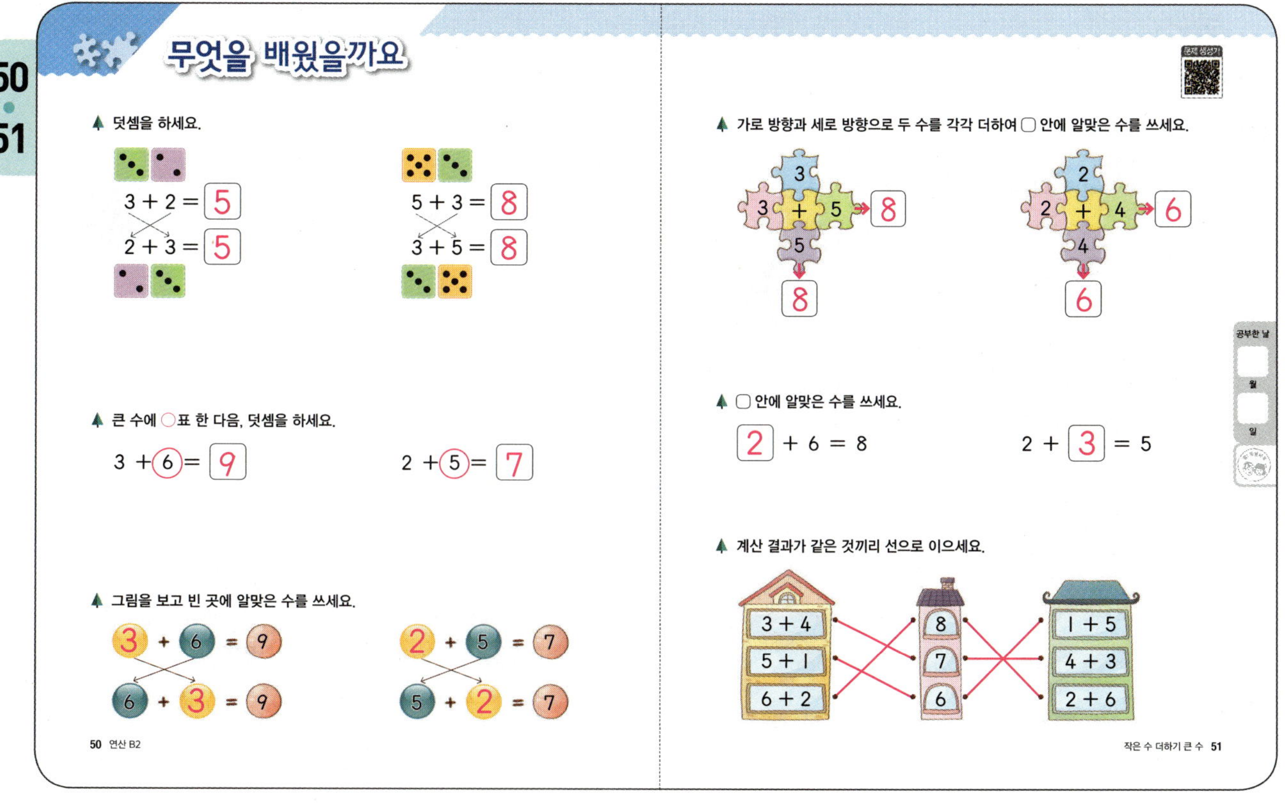

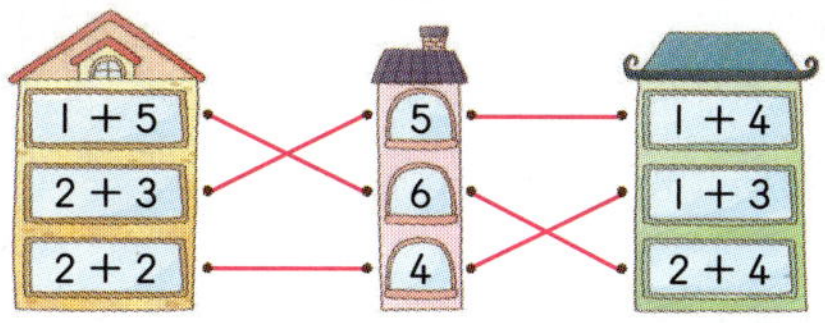

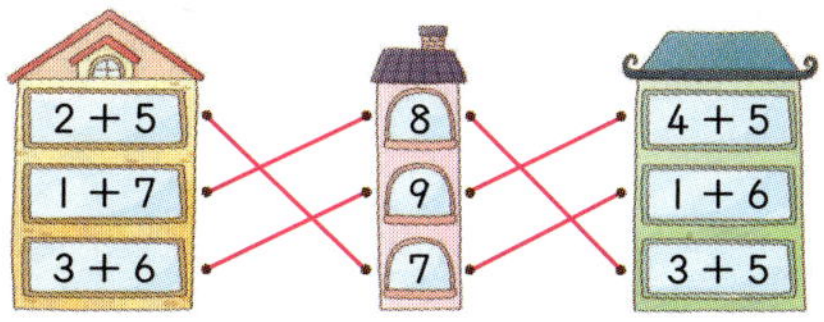

151 그림 보고 빼기

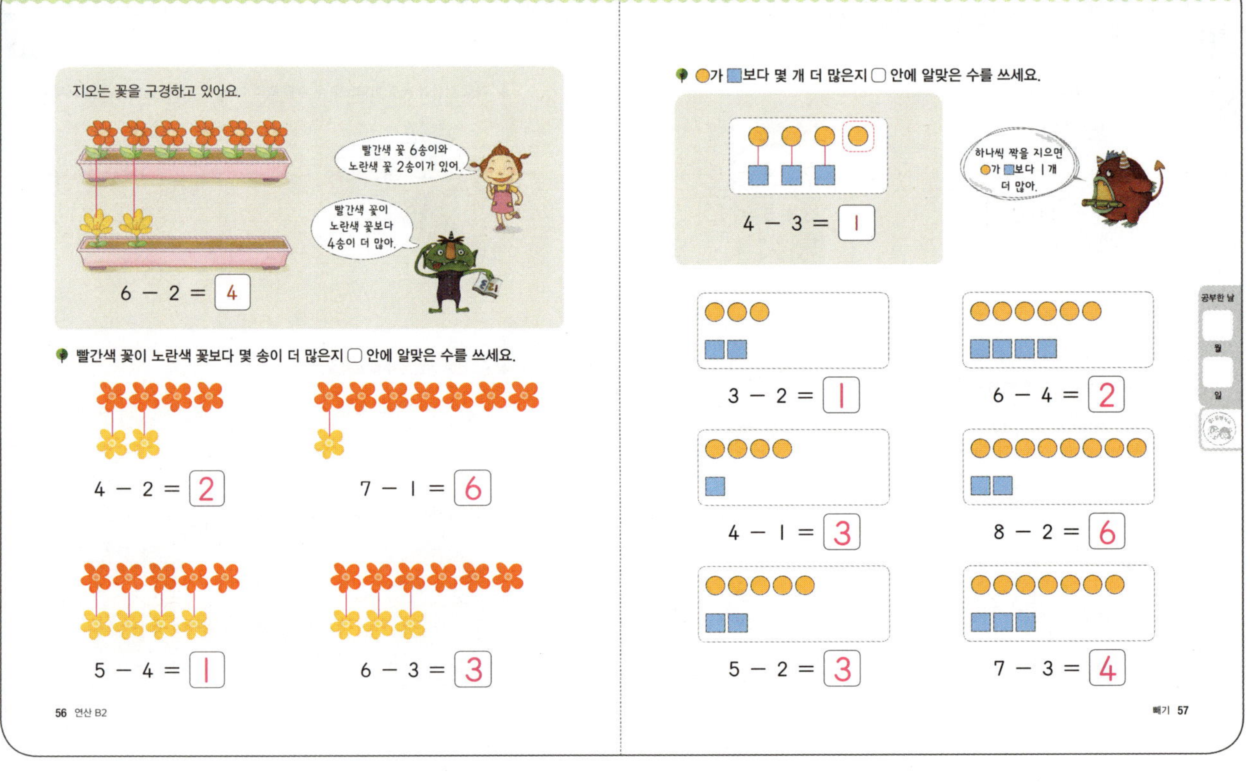

54 연산 B2

빼기 55

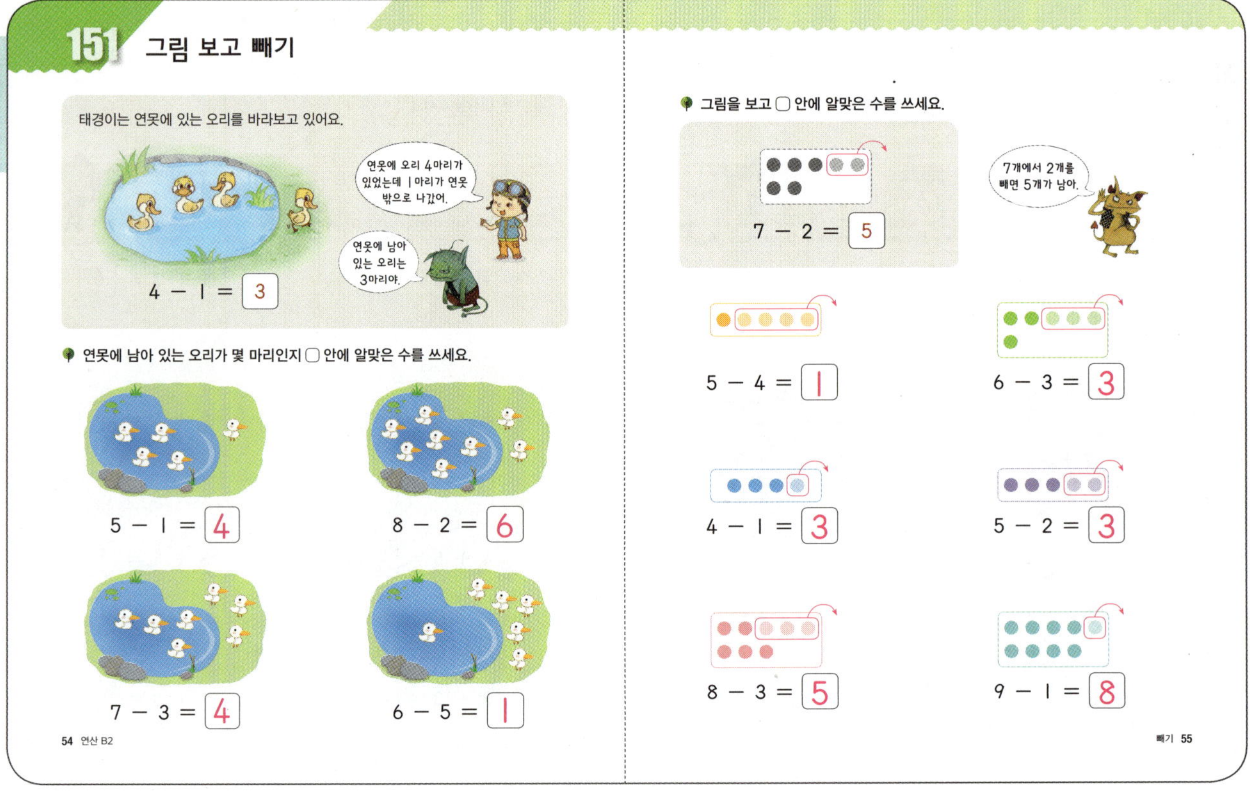

56 연산 B2

빼기 57

58
59
152 거꾸로 뛰어서 빼기
지오와 태경이는 거꾸로 뛰어 세기를 하고 있어요.
−5
1 2 3 4 5 6 7 8 9
6 − 5 = 1
빼기는 거꾸로 뛰어 세는 거야.
뺄셈식을 읽으면 '6 빼기 5는 1.'
빈칸에 알맞은 수를 쓰고 뺄셈을 하세요.
−2
1 2 3 4 5 6 7 8 9
5 − 2 = 3
−4
1 2 3 4 5 6 7 8 9
7 − 4 = 3
−3
1 2 3 4 5 6 7 8 9
8 − 3 = 5
58 연산 B2
빈칸에 알맞은 수를 쓰고 뺄셈을 하세요.
−2
1 2 3 4 5
4 − 2 = 2
4에서 빼는 수 2만큼 거꾸로 뛰어 세면 2야.
−3
1 2 3 4 5
4 − 3 = 1
−1
1 2 3 4 5
5 − 1 = 4
−4
4 5 6 7 8
8 − 4 = 4
−2
4 5 6 7 8
7 − 2 = 5
−3
2 3 4 5 6
6 − 3 = 3
−4
5 6 7 8 9
9 − 4 = 5
빼기 59

60
61
개구리가 징검다리를 건너고 있어요.
징검다리를 거꾸로 한 칸씩 건너면서 빼
−4
3 4 5 6 7
7에서 거꾸로 4칸 뛰면 3이야.
7 − 4 = 3
빈칸에 알맞은 수를 쓰고 뺄셈을 하세요.
−2
4 5 6
6 − 2 = 4
−5
1 2 3 4 5 6
6 − 5 = 1
−3
6 7 8 9
9 − 3 = 6
−4
1 2 3 4 5
5 − 4 = 1
−3
4 5 6 7
7 − 3 = 4
−5
3 4 5 6 7 8
8 − 5 = 3
60 연산 B2
뺄셈을 하세요.
5 4
6 − 3 = 3
6에서 거꾸로 3칸 뛰면 3이야.
2 − 1 = 1
4 − 2 = 2
6 − 2 = 4
7 − 6 = 1
5 − 3 = 2
9 − 1 = 8
8 − 6 = 2
7 − 2 = 5
공부한 날
월
일
빼기 61

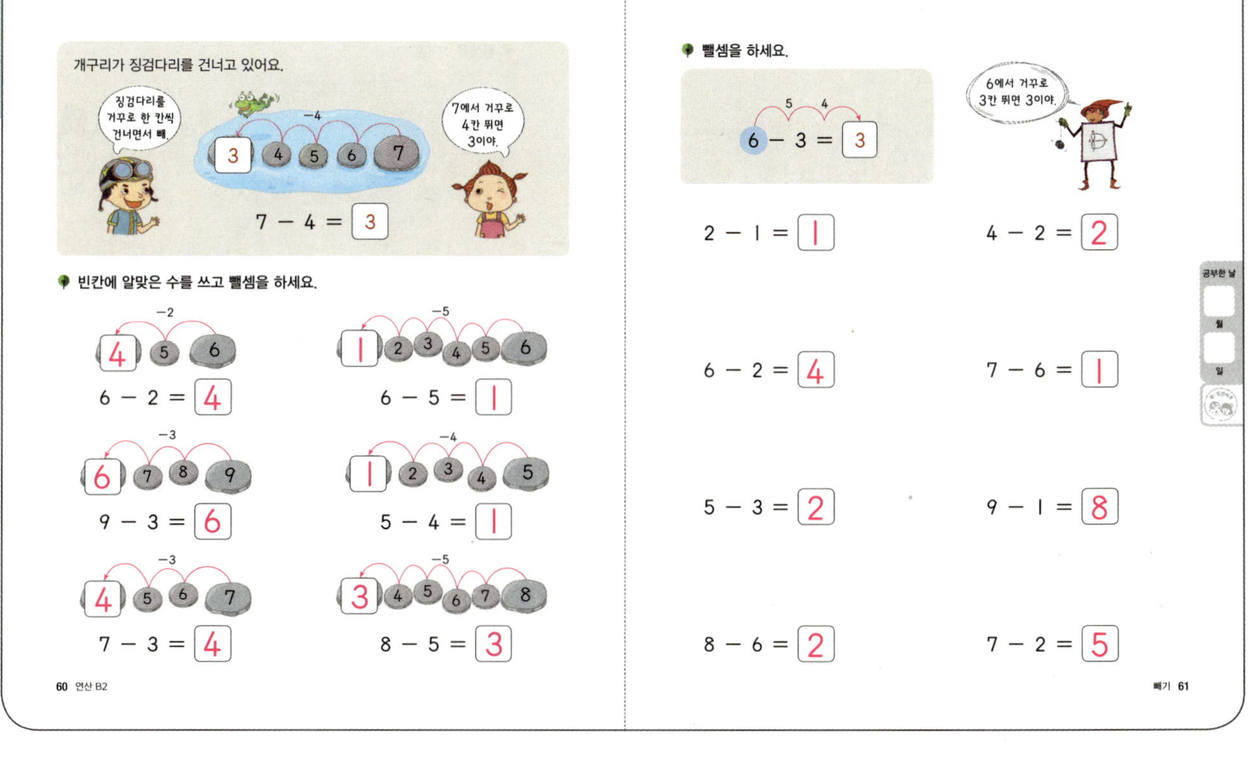

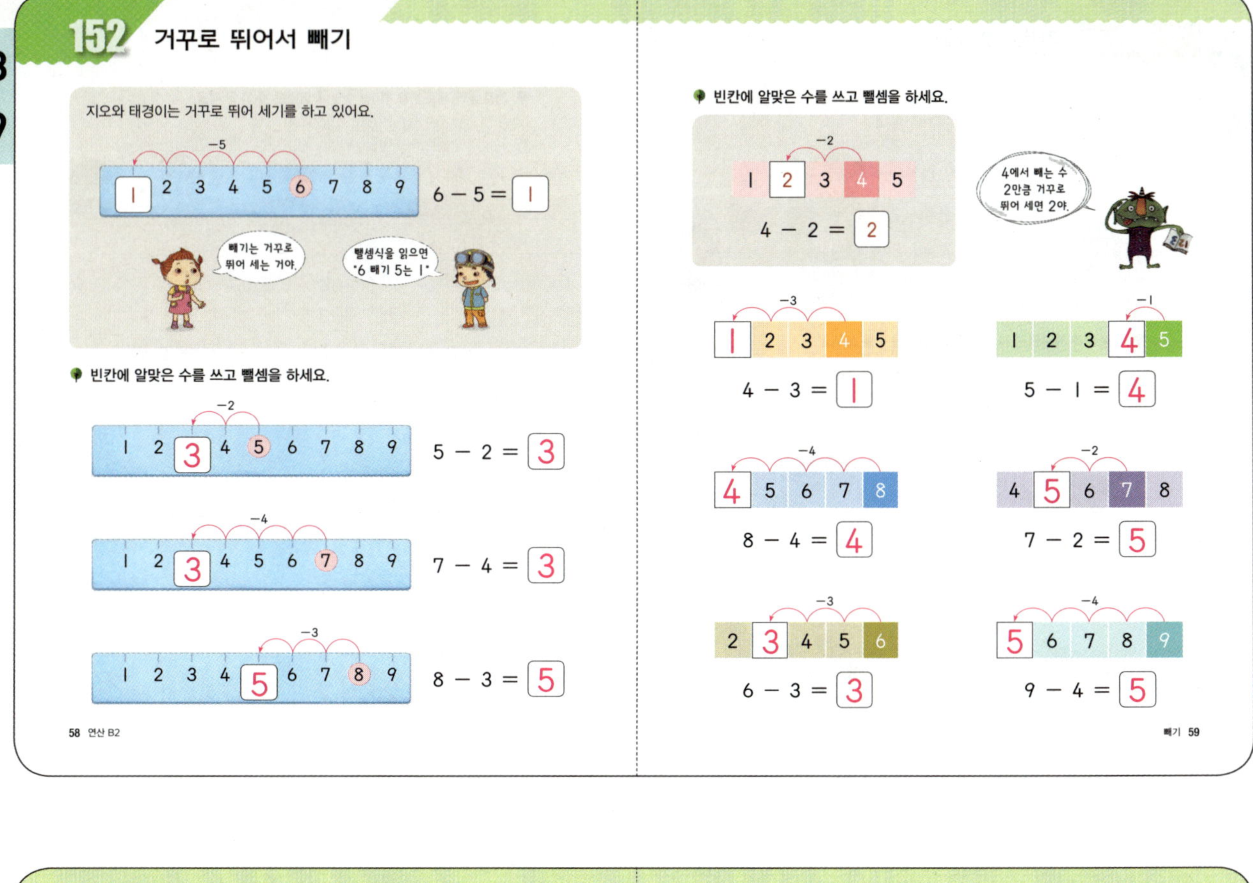

정답 13

153 가로셈과 세로셈

62 · 63

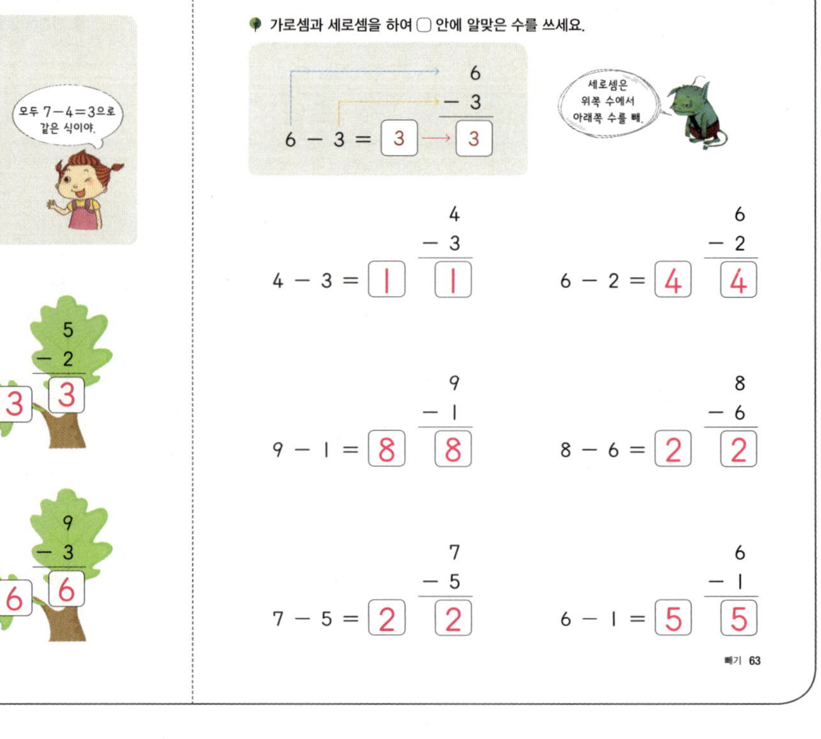

🌱 가로셈과 세로셈을 하여 ◯ 안에 알맞은 수를 쓰세요.

$2 - 1 = \boxed{1}$　$\begin{matrix} 2 \\ -1 \\ \hline \boxed{1} \end{matrix}$　　$5 - 2 = \boxed{3}$　$\begin{matrix} 5 \\ -2 \\ \hline \boxed{3} \end{matrix}$

$8 - 5 = \boxed{3}$　$\boxed{3}\ \begin{matrix} 8 \\ -5 \end{matrix}$　　$9 - 3 = \boxed{6}$　$\boxed{6}\ \begin{matrix} 9 \\ -3 \end{matrix}$

🌱 가로셈과 세로셈을 하여 ◯ 안에 알맞은 수를 쓰세요.

$4 - 3 = \boxed{1}$　$\begin{matrix} 4 \\ -3 \\ \hline \boxed{1} \end{matrix}$　　$6 - 2 = \boxed{4}$　$\begin{matrix} 6 \\ -2 \\ \hline \boxed{4} \end{matrix}$

$9 - 1 = \boxed{8}$　$\begin{matrix} 9 \\ -1 \\ \hline \boxed{8} \end{matrix}$　　$8 - 6 = \boxed{2}$　$\begin{matrix} 8 \\ -6 \\ \hline \boxed{2} \end{matrix}$

$7 - 5 = \boxed{2}$　$\begin{matrix} 7 \\ -5 \\ \hline \boxed{2} \end{matrix}$　　$6 - 1 = \boxed{5}$　$\begin{matrix} 6 \\ -1 \\ \hline \boxed{5} \end{matrix}$

---

64 · 65

🌱 가로 방향과 세로 방향으로 각각 뺄셈을 하여 ◯ 안에 알맞은 수를 쓰세요.

🌱 뺄셈을 하세요.

$\begin{matrix} 4 \\ -1 \\ \hline \boxed{3} \end{matrix}$　　$\begin{matrix} 7 \\ -6 \\ \hline \boxed{1} \end{matrix}$　　$\begin{matrix} 4 \\ -2 \\ \hline \boxed{2} \end{matrix}$

$\begin{matrix} 9 \\ -4 \\ \hline \boxed{5} \end{matrix}$　　$\begin{matrix} 5 \\ -3 \\ \hline \boxed{2} \end{matrix}$　　$\begin{matrix} 8 \\ -4 \\ \hline \boxed{4} \end{matrix}$

$\begin{matrix} 6 \\ -4 \\ \hline \boxed{2} \end{matrix}$　　$\begin{matrix} 9 \\ -8 \\ \hline \boxed{1} \end{matrix}$　　$\begin{matrix} 7 \\ -4 \\ \hline \boxed{3} \end{matrix}$

공부한 날　월　일

154 □가 있는 빼기

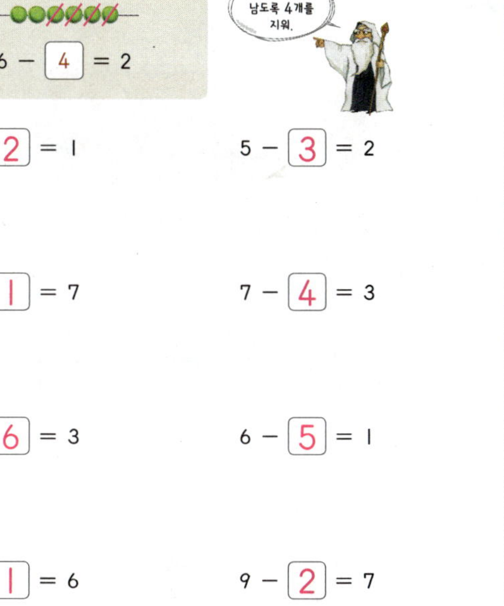

🌱 주머니에 적힌 수만큼 구슬이 남도록 /로 지우고, □안에 알맞은 수를 쓰세요.

4 − 2 = 2

8 − 5 = 3

5 − 1 = 4

7 − 2 = 5

🌱 □안에 알맞은 수를 쓰세요.

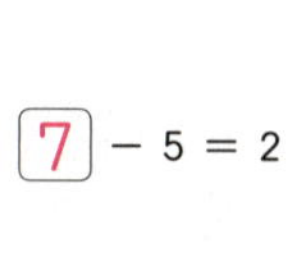

6 − 4 = 2

3 − 2 = 1

5 − 3 = 2

8 − 1 = 7

7 − 4 = 3

9 − 6 = 3

6 − 5 = 1

7 − 1 = 6

9 − 2 = 7

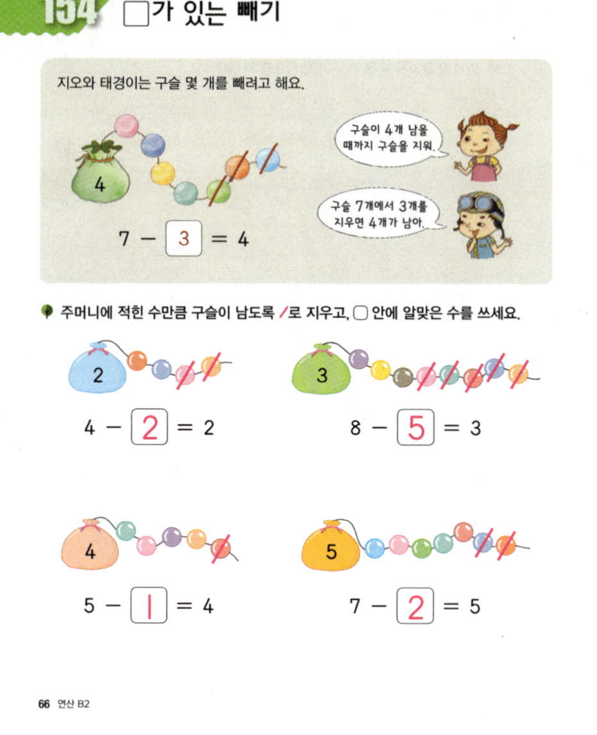

🌱 □안에 알맞은 수를 쓰세요.

3 → 4 → 5 (−2)
5 − 2 = 3

4 → 5 → 6 → 7 → 8 (−4)
8 − 4 = 4

8 → 9 (−1)
9 − 1 = 8

1 → 2 → 3 → 5 → 6 (−5)
6 − 5 = 1

5 → 6 → 7 (−2)
7 − 2 = 5

5 → 6 → 7 → 8 (−3)
8 − 3 = 5

🌱 □안에 알맞은 수를 쓰세요.

6 − 2 = 4

7 − 4 = 3

5 − 4 = 1

8 − 1 = 7

7 − 5 = 2

7 − 6 = 1

8 − 2 = 6

5 − 3 = 2

155 뺄셈표

빈칸에 알맞은 수를 써넣어 뺄셈표를 완성하세요.

빈칸에 알맞은 수를 써넣어 뺄셈표를 완성하세요.

70 연산 B2

뻬기 71

빈칸에 알맞은 수를 써넣어 뺄셈표를 완성하세요.

빈칸에 알맞은 수를 써넣어 뺄셈표를 완성하세요.

72 연산 B2

뻬기 73

무엇을 배웠을까요

▲ 빨간색 꽃이 노란색 꽃보다 몇 송이 더 많은지 ◯ 안에 알맞은 수를 쓰세요.

$5 - 3 = \boxed{2}$ $6 - 2 = \boxed{4}$

▲ 빈칸에 알맞은 수를 쓰고 뺄셈을 하세요.

3 $\boxed{4}$ 5 6 7

$7 - 3 = \boxed{4}$

5 $\boxed{6}$ 7 8 9

$8 - 2 = \boxed{6}$

▲ 뺄셈을 하세요.

$4 - 1 = \boxed{3}$ $\begin{array}{r} 4 \\ -\ 1 \\ \hline \boxed{3} \end{array}$

$7 - 6 = \boxed{1}$ $\begin{array}{r} 7 \\ -\ 6 \\ \hline \boxed{1} \end{array}$

▲ 가로 방향과 세로 방향으로 각각 뺄셈을 하여 ◯ 안에 알맞은 수를 쓰세요.

$6 - 5 \Rightarrow \boxed{1}$ / 5 → $\boxed{1}$

$9 - 2 \Rightarrow \boxed{7}$ / 2 → $\boxed{7}$

▲ ◯ 안에 알맞은 수를 쓰세요.

$8 - \boxed{2} = 6$ $\boxed{9} - 5 = 4$

▲ 빈칸에 알맞은 수를 써넣어 뺄셈표를 완성하세요.

−	2	3
7	$\boxed{5}$	$\boxed{4}$
6	$\boxed{4}$	$\boxed{3}$

−	4	3
5	$\boxed{1}$	$\boxed{2}$
8	$\boxed{4}$	$\boxed{5}$

156 길 찾기

지오는 집으로 돌아가려고 해요.

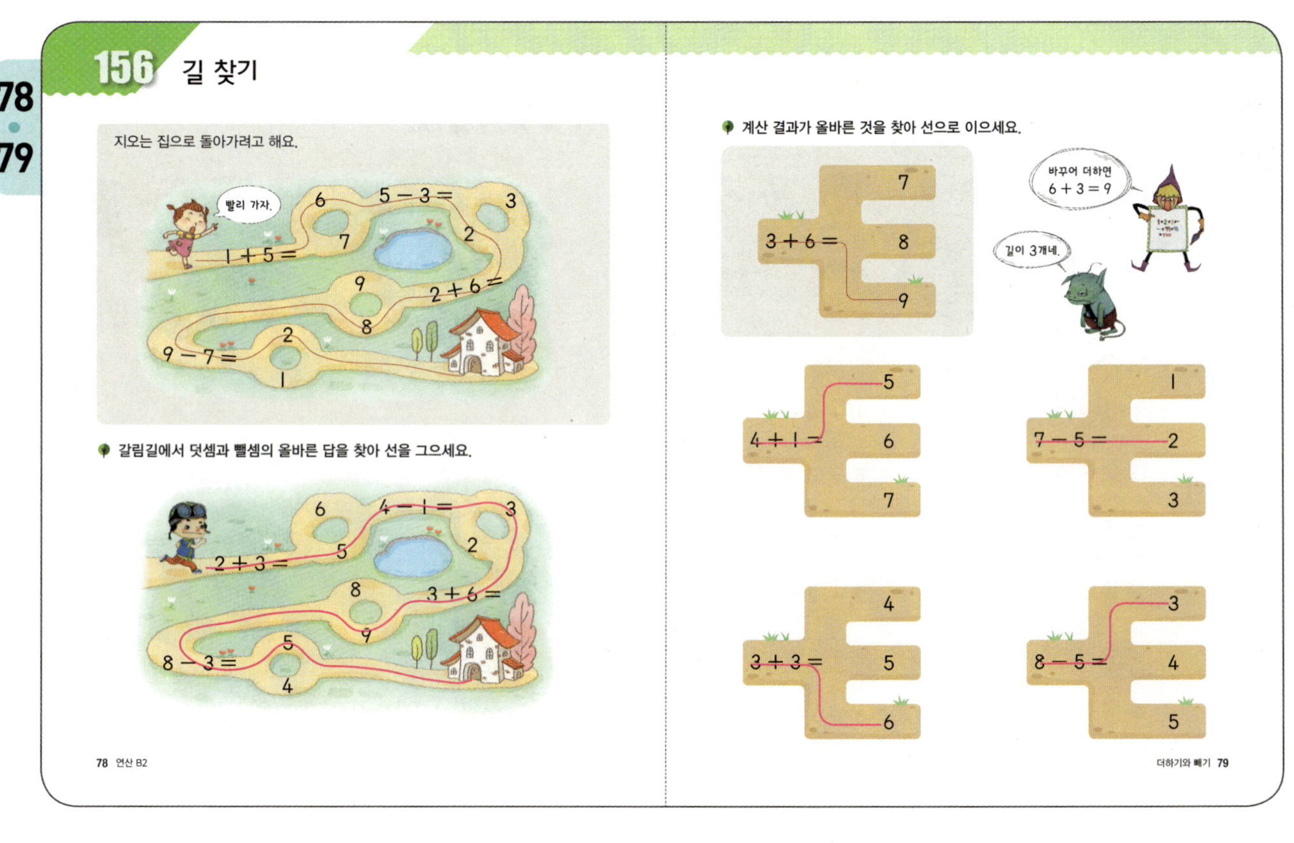

● 갈림길에서 덧셈과 뺄셈의 올바른 답을 찾아 선을 그으세요.

● 계산 결과가 올바른 것을 찾아 선으로 이으세요.

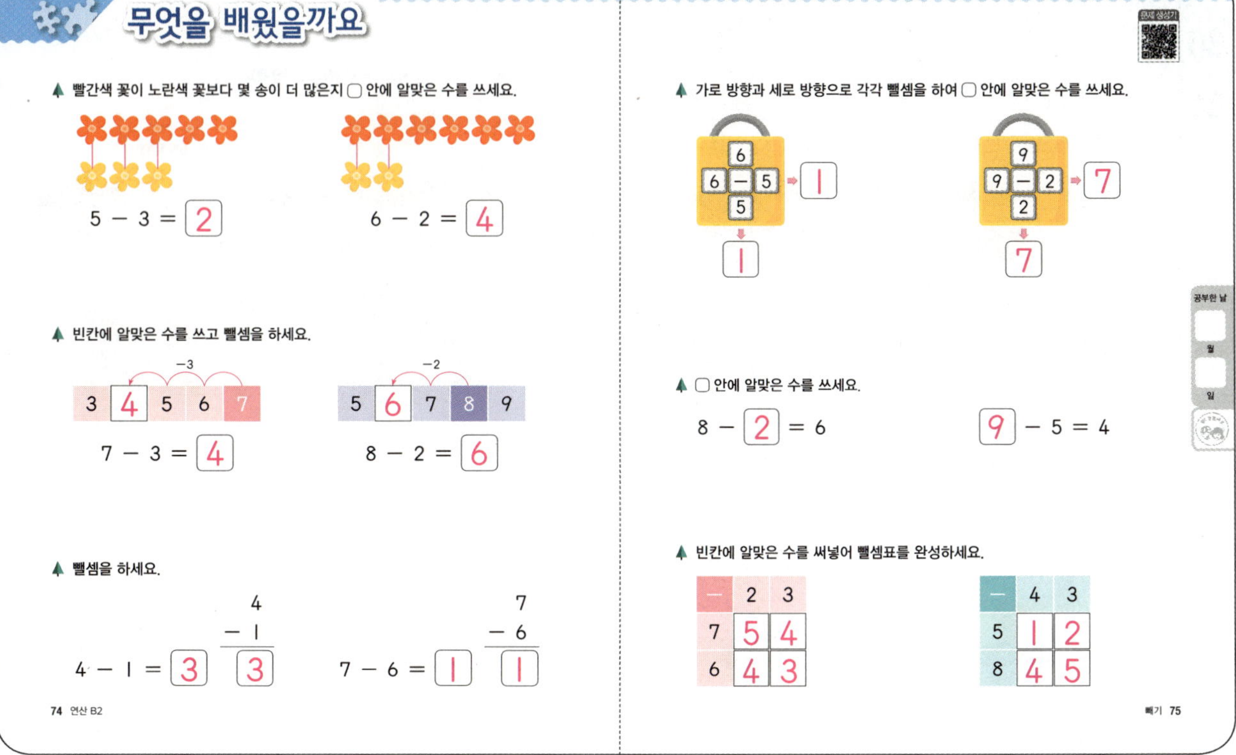

정답 **17**

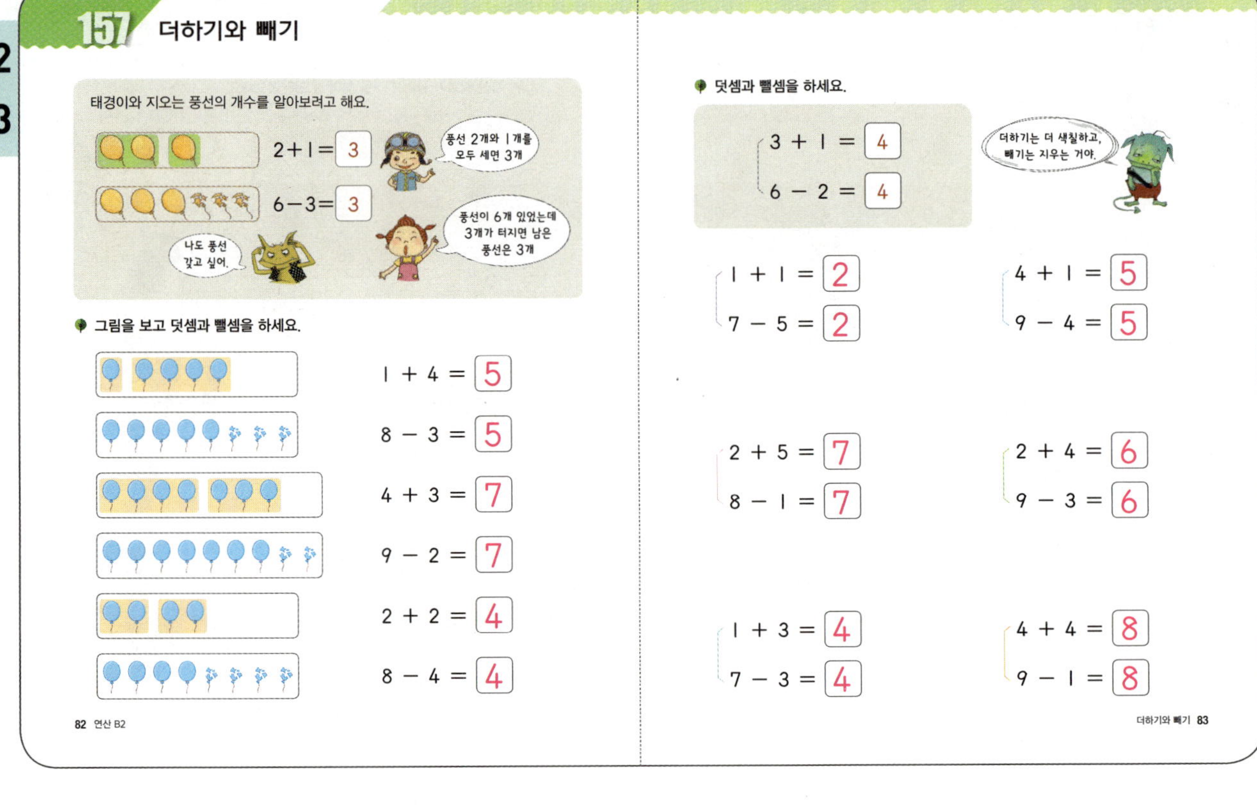
80
81
지오와 태경이는 요리를 하려고 해요.
5 6 7
−3
4
양파를 넣으면
5 − 3 = 2
우를 넣으면
6 − 3 = 3
배추를 넣으면
7 − 3 = 4

올바른 식이 완성되도록 선으로 이으세요.
올바른 식이 완성되도록 선으로 이으세요.
6이 되려면
4 + 2 = 6
공부한 날
월
일
4
5
6
+ 2 = 6
4 5 6
+ I
6
6 7 8
− 4
2
2 3 4
+ 5
9
7 8 9
− 2
5
2
3
4
+ 3 = 7
5
6
7
− I = 4
3
4
+ 4 = 8
5
7
8
9
− 3 = 6
80 연산 B2
더하기와 빼기 81

82
83
157 더하기와 빼기
태경이와 지오는 풍선의 개수를 알아보려고 해요.
2 + I = 3
6 − 3 = 3
풍선 2개와 I개를
모두 세면 3개
풍선이 6개 있었는데
3개가 터지면 남은
풍선은 3개
나도 풍선
갖고 싶어.

덧셈과 뺄셈을 하세요.
3 + I = 4
6 − 2 = 4
더하기는 더 색칠하고,
빼기는 지우는 거야.

그림을 보고 덧셈과 뺄셈을 하세요.
I + 4 = 5
8 − 3 = 5
4 + 3 = 7
9 − 2 = 7
2 + 2 = 4
8 − 4 = 4
I + I = 2
7 − 5 = 2
4 + I = 5
9 − 4 = 5
2 + 5 = 7
8 − I = 7
2 + 4 = 6
9 − 3 = 6
I + 3 = 4
7 − 3 = 4
4 + 4 = 8
9 − I = 8
82 연산 B2
더하기와 빼기 83

집의 유리창에 덧셈식과 뺄셈식이 적혀 있어요.

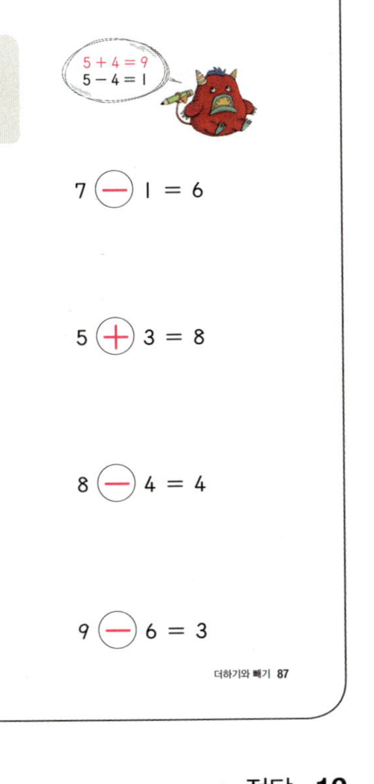

덧셈과 뺄셈을 하여 지붕에 있는 수가 나오는 식 2개를 찾아 ○표 하세요.

5	
2+3	9−4
2+1	8−5

3	
2+2	7−4
1+2	6−2

4	
3+1	7−5
4+2	8−4

6	
5+3	8−5
2+4	9−3

덧셈과 뺄셈을 하세요.

$4 + 3 = \boxed{7}$

$8 - 2 = \boxed{6}$

$3 + 3 = \boxed{6}$　　　　$4 - 2 = \boxed{2}$

$2 + 6 = \boxed{8}$　　　　$6 - 3 = \boxed{3}$

$1 + 4 = \boxed{5}$　　　　$9 - 8 = \boxed{1}$

$7 + 2 = \boxed{9}$　　　　$8 - 2 = \boxed{6}$

158 +와 −

꿀벌이 집을 만들고 있어요.

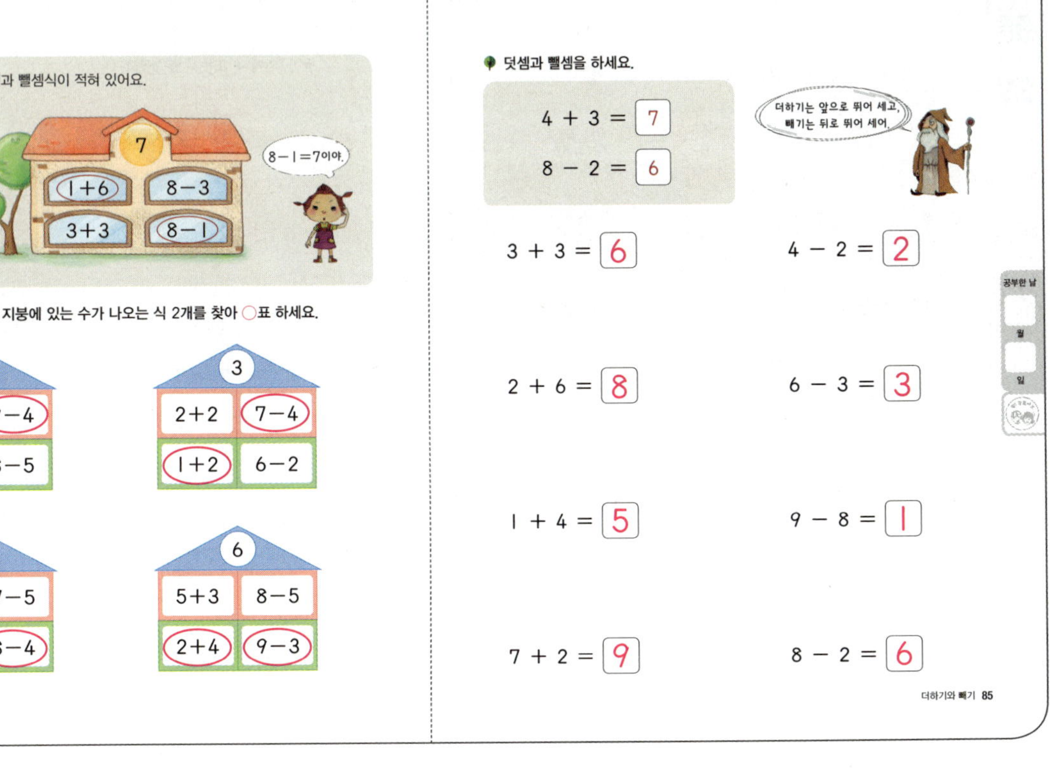

올바른 식이 되도록 선을 그으세요.

○ 안에 + 또는 −를 쓰세요.

$5 \enclose{circle}{+} 4 = 9$

$5 \enclose{circle}{+} 2 = 7$　　　　$7 \enclose{circle}{-} 1 = 6$

$4 \enclose{circle}{-} 3 = 1$　　　　$5 \enclose{circle}{+} 3 = 8$

$4 \enclose{circle}{+} 1 = 5$　　　　$8 \enclose{circle}{-} 4 = 4$

$2 \enclose{circle}{+} 1 = 3$　　　　$9 \enclose{circle}{-} 6 = 3$

88 · 89

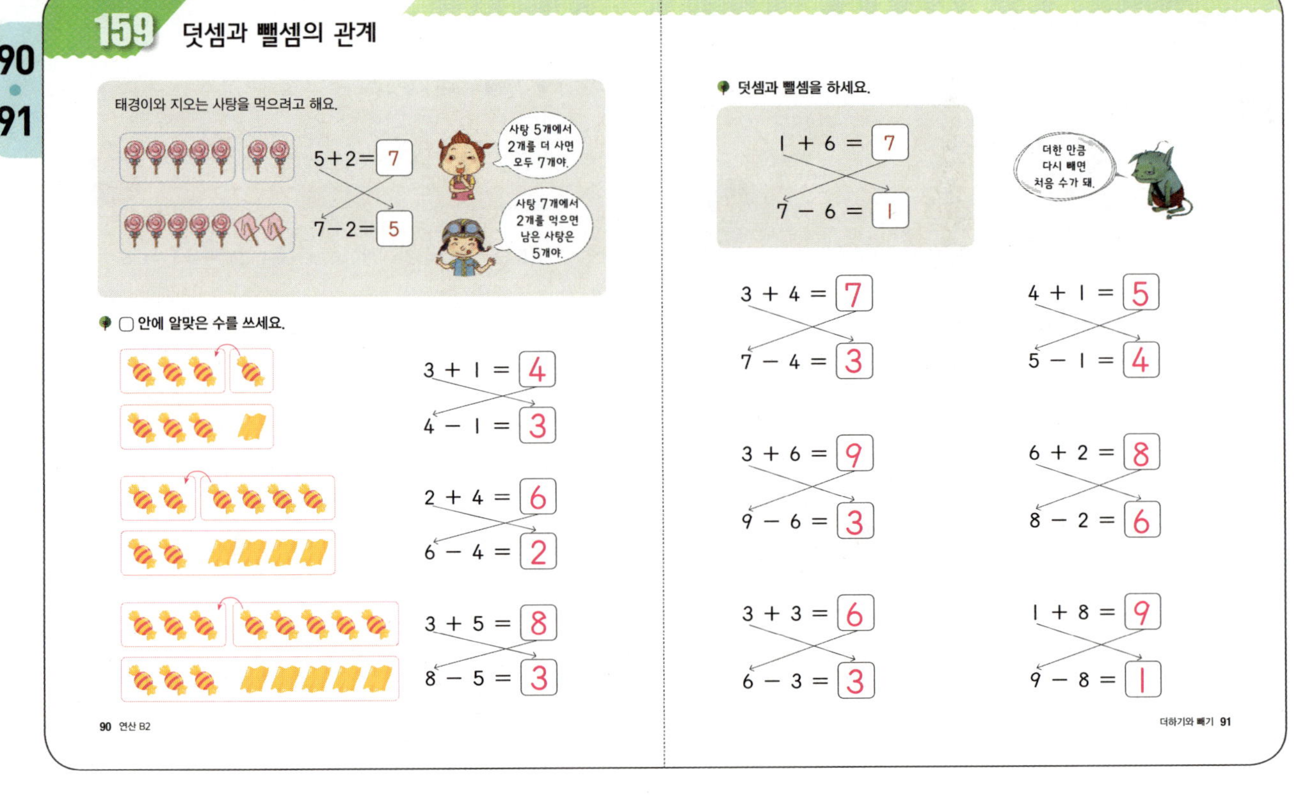

○ 안에는 + 또는 −를 쓰고, ☐ 안에는 알맞은 수를 쓰세요.

5 +1 −1 6
1 +4 −4 5
7 +2 −2 9
5 +3 −3 8
2 +5 −5 7
4 +4 −4 8

○ 안에 + 또는 −를 쓰세요.

$7 \ominus 2 = 5$

$3 \oplus 3 = 6$ $6 \ominus 2 = 4$

$8 \ominus 7 = 1$ $8 \oplus 1 = 9$

$5 \ominus 2 = 3$ $4 \oplus 3 = 7$

$7 \oplus 2 = 9$ $5 \ominus 4 = 1$

공부한 날
월
일

90 · 91

159 덧셈과 뺄셈의 관계

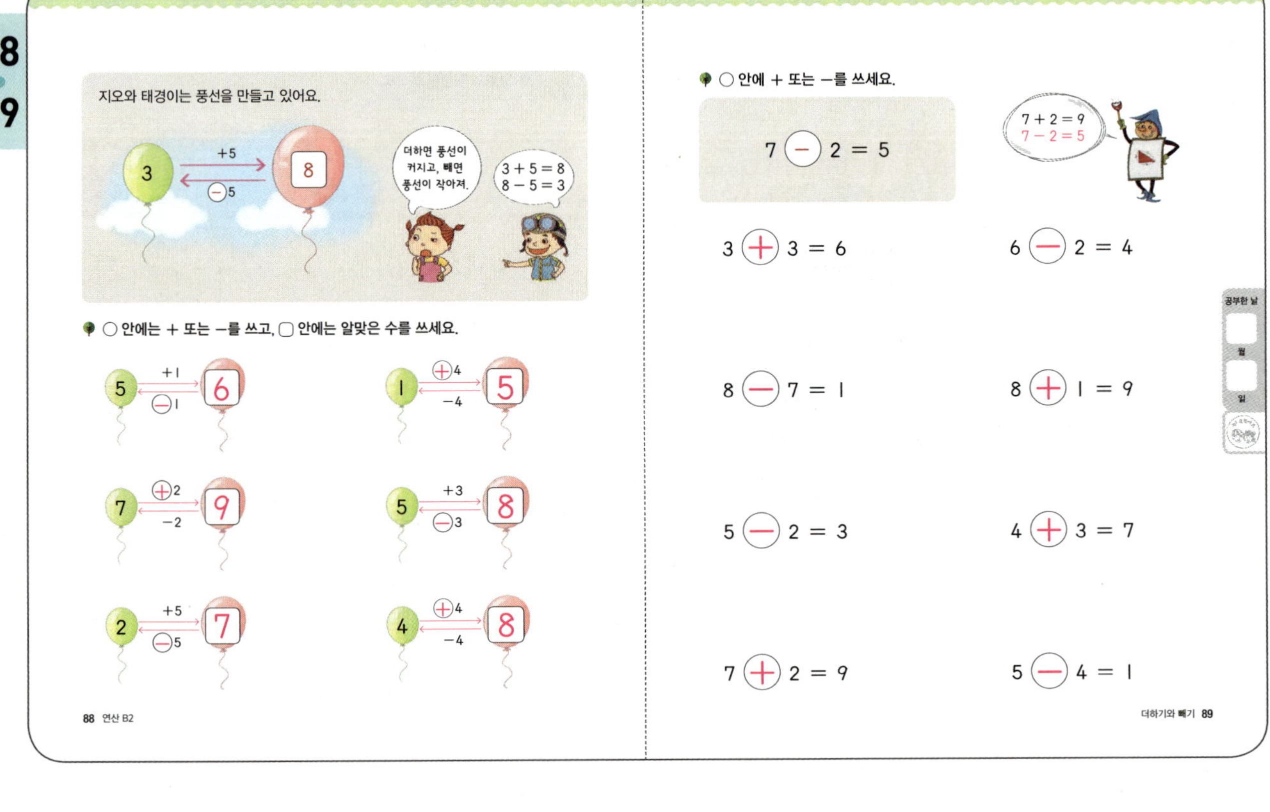

☐ 안에 알맞은 수를 쓰세요.

$3 + 1 = 4$
$4 - 1 = 3$

$2 + 4 = 6$
$6 - 4 = 2$

$3 + 5 = 8$
$8 - 5 = 3$

덧셈과 뺄셈을 하세요.

$1 + 6 = 7$
$7 - 6 = 1$

$3 + 4 = 7$ $4 + 1 = 5$
$7 - 4 = 3$ $5 - 1 = 4$

$3 + 6 = 9$ $6 + 2 = 8$
$9 - 6 = 3$ $8 - 2 = 6$

$3 + 3 = 6$ $1 + 8 = 9$
$6 - 3 = 3$ $9 - 8 = 1$

지오와 태경이는 사다리를 타려고 해요.

◆ ☐ 안에 알맞은 수를 쓰세요.

+3 **9** 8 7 6 −3

+3 6 5 4 **3** −3

+2 **7** 6 5 −2

+4 8 7 6 5 **4** −4

◆ 덧셈과 뺄셈을 하세요.

$5 + 2 = \boxed{7}$
$\boxed{7} - 2 = 5$

$2 + 3 = \boxed{5}$
$\boxed{5} - 3 = 2$

$2 + 6 = \boxed{8}$
$\boxed{8} - 6 = 2$

$1 + 5 = \boxed{6}$
$\boxed{6} - 5 = 1$

$4 + 5 = \boxed{9}$
$\boxed{9} - 5 = 4$

$3 + 3 = \boxed{6}$
$\boxed{6} - 3 = 3$

$1 + 6 = \boxed{7}$
$\boxed{7} - 6 = 1$

공부한 날
월
일

---

160 ☐가 있는 더하기와 빼기

지오와 태경이는 기차를 타려고 해요.

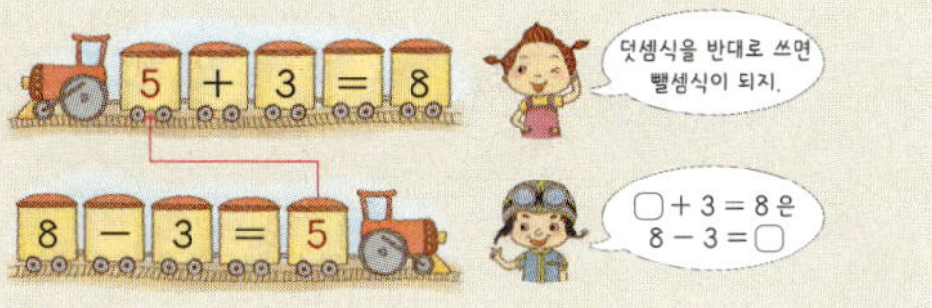

◆ ☐ 안에 알맞은 수를 쓰세요.

$\boxed{4} + 2 = 6$
$6 - 2 = \boxed{4}$

$\boxed{1} + 6 = 7$
$7 - 6 = \boxed{1}$

$\boxed{4} + 4 = 8$
$8 - 4 = \boxed{4}$

$\boxed{3} + 2 = 5$
$5 - 2 = \boxed{3}$

◆ ☐ 안에 알맞은 수를 쓰세요.

$\boxed{4} + 3 = 7$
$7 - 3 = \boxed{4}$

$\boxed{1} + 4 = 5$
5−4=1

$\boxed{5} + 2 = 7$
7−2=5

$\boxed{7} + 1 = 8$
8−1=7

$\boxed{3} + 3 = 6$
6−3=3

$\boxed{2} + 2 = 4$
4−2=2

$\boxed{2} + 7 = 9$
9−7=2

$\boxed{1} + 6 = 7$
7−6=1

$\boxed{3} + 5 = 8$
8−5=3

연산력 수학 노크 정답

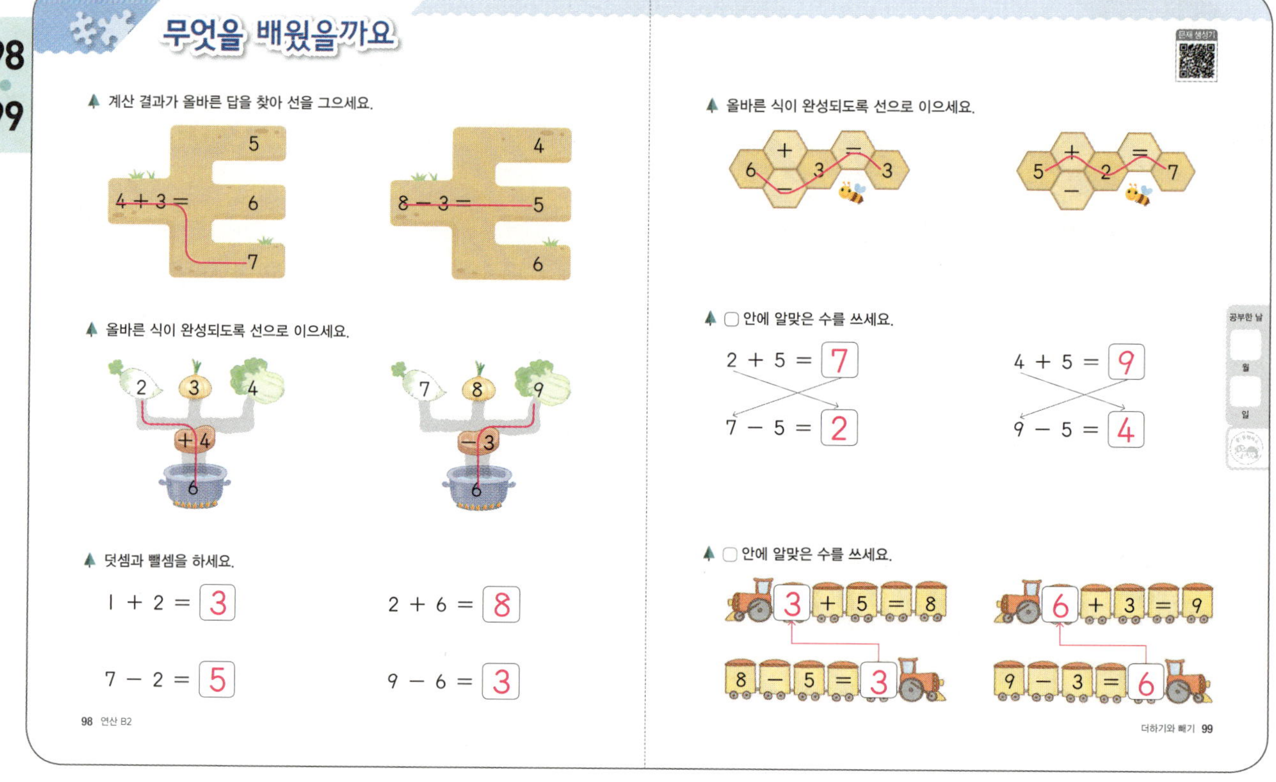

🌳 □ 안에 알맞은 수를 쓰세요.

$3 - 2 = 1$
$1 + 2 = 3$

$7 - 1 = 6$
$6 + 1 = 7$

$7 - 4 = 3$
$3 + 4 = 7$

$6 - 3 = 3$
$3 + 3 = 6$

🌳 □ 안에 알맞은 수를 쓰세요.

$3 - 1 = 2$
2+1=3

$6 - 2 = 4$
4+2=6

$8 - 4 = 4$
4+4=8

$9 - 7 = 2$
2+7=9

$8 - 3 = 5$
5+3=8

$4 - 2 = 2$
2+2=4

$7 - 4 = 3$
3+4=7

$8 - 6 = 2$
2+6=8

❄ 무엇을 배웠을까요

🌲 계산 결과가 올바른 답을 찾아 선을 그으세요.

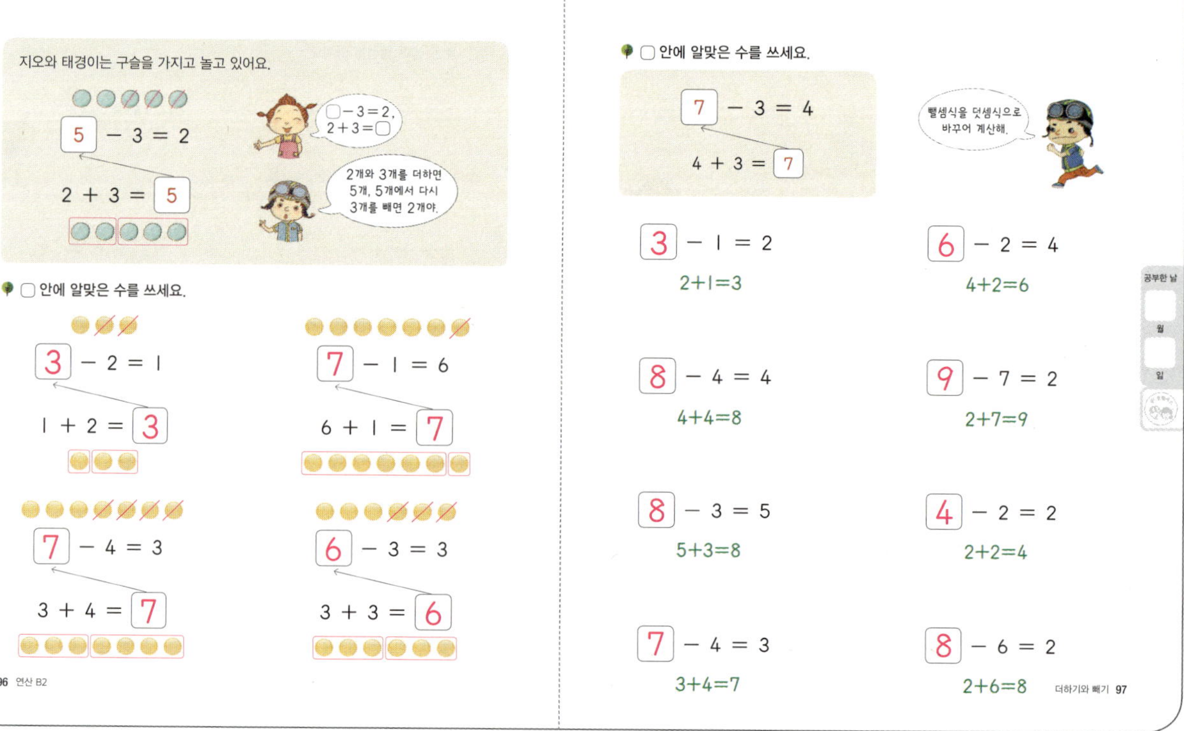

🌲 올바른 식이 완성되도록 선으로 이으세요.

🌲 올바른 식이 완성되도록 선으로 이으세요.

🌲 □ 안에 알맞은 수를 쓰세요.

$2 + 5 = 7$
$7 - 5 = 2$

$4 + 5 = 9$
$9 - 5 = 4$

🌲 덧셈과 뺄셈을 하세요.

$1 + 2 = 3$
$7 - 2 = 5$

$2 + 6 = 8$
$9 - 6 = 3$

🌲 □ 안에 알맞은 수를 쓰세요.

큰 수 더하기 작은 수

관련 쪽수: 6~27쪽

✢ 덧셈을 하세요.

$5 + 2 = \boxed{7}$　　$4 + 1 = \boxed{5}$

$7 + 1 = \boxed{8}$　　$5 + 3 = \boxed{8}$

$5 + 4 = \boxed{9}$　　$4 + 2 = \boxed{6}$

✢ 가로셈과 세로셈을 하여 ☐ 안에 알맞은 수를 쓰세요.

$4 + 3 = \boxed{7}$　$\begin{array}{r} 4 \\ +\ 3 \\ \hline \boxed{7} \end{array}$　　$3 + 1 = \boxed{4}$　$\begin{array}{r} 3 \\ +\ 1 \\ \hline \boxed{4} \end{array}$

$6 + 1 = \boxed{7}$　$\begin{array}{r} 6 \\ +\ 1 \\ \hline \boxed{7} \end{array}$　　$4 + 2 = \boxed{6}$　$\begin{array}{r} 4 \\ +\ 2 \\ \hline \boxed{6} \end{array}$

✢ ☐ 안에 알맞은 수를 쓰세요.

$3 + \boxed{2} = 5$　　$2 + \boxed{2} = 4$

$4 + \boxed{4} = 8$　　$7 + \boxed{1} = 8$

$3 + \boxed{3} = 6$　　$5 + \boxed{2} = 7$

$\boxed{4} + 2 = 6$　　$\boxed{6} + 3 = 9$

$\boxed{5} + 1 = 6$　　$\boxed{5} + 3 = 8$

$\boxed{7} + 2 = 9$　　$\boxed{3} + 1 = 4$

작은 수 더하기 큰 수

관련 쪽수: 30~51쪽

✢ 큰 수에 ◯한 다음, 덧셈을 하세요.

$2 + ④ = \boxed{6}$　　$2 + ③ = \boxed{5}$

$2 + ⑤ = \boxed{7}$　　$3 + ④ = \boxed{7}$

$2 + ⑦ = \boxed{9}$　　$2 + ⑥ = \boxed{8}$

✢ 가로셈과 세로셈을 하여 덧셈을 하세요.

$1 + 3 = \boxed{4}$　$\begin{array}{r} 1 \\ +\ 3 \\ \hline \boxed{4} \end{array}$　　$3 + 6 = \boxed{9}$　$\begin{array}{r} 3 \\ +\ 6 \\ \hline \boxed{9} \end{array}$

$3 + 5 = \boxed{8}$　$\begin{array}{r} 3 \\ +\ 5 \\ \hline \boxed{8} \end{array}$　　$1 + 5 = \boxed{6}$　$\begin{array}{r} 1 \\ +\ 5 \\ \hline \boxed{6} \end{array}$

✢ ☐ 안에 알맞은 수를 쓰세요.

$4 + \boxed{4} = 8$　　$1 + \boxed{2} = 3$

$2 + \boxed{5} = 7$　　$3 + \boxed{6} = 9$

$2 + \boxed{6} = 8$　　$3 + \boxed{4} = 7$

$\boxed{3} + 5 = 8$　　$\boxed{2} + 4 = 6$

$\boxed{1} + 6 = 7$　　$\boxed{2} + 3 = 5$

$\boxed{2} + 5 = 7$　　$\boxed{1} + 7 = 8$

연산력 수학 노크 정답

106 · 107

빼기
관련 쪽수: 54~75쪽

✛ 뺄셈을 하세요.

$6 - 3 = \boxed{3}$　　　$9 - 6 = \boxed{3}$

$5 - 4 = \boxed{1}$　　　$9 - 7 = \boxed{2}$

$8 - 4 = \boxed{4}$　　　$7 - 1 = \boxed{6}$

✛ 가로셈과 세로셈을 하여 ☐ 안에 알맞은 수를 쓰세요.

$4 - 1 = \boxed{3}$　$\boxed{3} \begin{array}{r} 4 \\ -\,1 \\ \hline \end{array}$　　$8 - 7 = \boxed{1}$　$\boxed{1} \begin{array}{r} 8 \\ -\,7 \\ \hline \end{array}$

$6 - 3 = \boxed{3}$　$\boxed{3} \begin{array}{r} 6 \\ -\,3 \\ \hline \end{array}$　　$7 - 5 = \boxed{2}$　$\boxed{2} \begin{array}{r} 7 \\ -\,5 \\ \hline \end{array}$

✛ ☐ 안에 알맞은 수를 쓰세요.

$8 - \boxed{2} = 6$　　　$7 - \boxed{5} = 2$

$7 - \boxed{4} = 3$　　　$3 - \boxed{2} = 1$

$7 - \boxed{3} = 4$　　　$9 - \boxed{4} = 5$

$\boxed{5} - 3 = 2$　　　$\boxed{9} - 1 = 8$

$\boxed{8} - 5 = 3$　　　$\boxed{8} - 6 = 2$

$\boxed{7} - 2 = 5$　　　$\boxed{6} - 4 = 2$

108

더하기와 빼기
관련 쪽수: 78~99쪽

✛ 덧셈과 뺄셈을 하세요.

$2 + 4 = \boxed{6}$　　　$9 - 3 = \boxed{6}$

$6 + 2 = \boxed{8}$　　　$9 - 5 = \boxed{4}$

✛ ◯안에 + 또는 −를 쓰세요.

$4 \;\boxed{-}\; 1 = 3$　　　$8 \;\boxed{-}\; 5 = 3$

$7 \;\boxed{-}\; 6 = 1$　　　$2 \;\boxed{+}\; 1 = 3$

✛ ☐ 안에 알맞은 수를 쓰세요.

$\boxed{5} + 2 = 7$　　　$\boxed{3} + 6 = 9$

$\boxed{6} - 3 = 3$　　　$\boxed{9} - 7 = 2$

쉽고 재미있게 생각하는 연산!
연산력 수학
노크

쉽고 재미있게
생각하는 연산!

연산력 수학 노크 정답

B2

7세~초1

9까지의 수의 덧셈과 뺄셈

똑!똑! 연산력 수학
노크의 구성

연산 학습 ▶ 하루에 4쪽씩 한 가지 주제를 학습합니다.

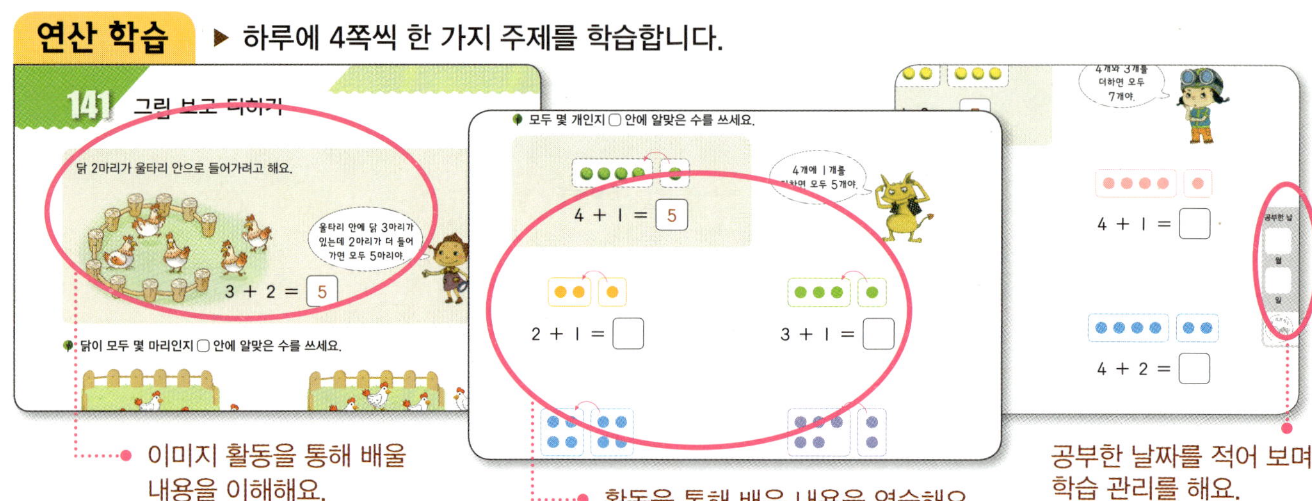

이미지 활동을 통해 배울 내용을 이해해요.

활동을 통해 배운 내용을 연습해요.

공부한 날짜를 적어 보며 학습 관리를 해요.

평가 ▶ 배웠던 주제를 평가해 봅니다.

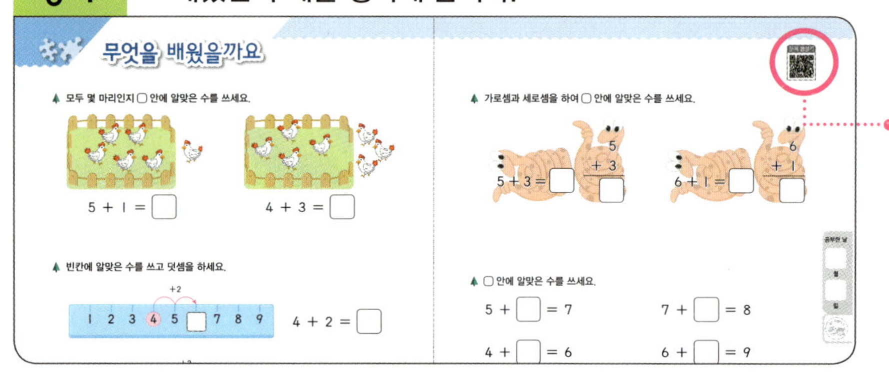

"문제 생성기" QR코드를 이용하면 여러 문제를 더 풀어 볼 수 있어요.

연산 보충 학습 ▶ 연산 학습의 부족한 부분을 연습합니다.

큰 수 더하기 작은 수
관련 쪽수: 6~27쪽

덧셈을 하세요.

5 + 2 = ⬜   4 + 1 = ⬜

7 + 1 = ⬜   5 + 3 = ⬜

5 + 4 = ⬜   4 + 2 = ⬜

가로셈과 세로셈을 하여 ⬜ 안에 알맞은 수를 쓰세요.

　4　　　　3
＋3　　　＋1

⬜ 안에 알맞은 수를 쓰세요.

3 + ⬜ = 5   2 + ⬜ = 4

4 + ⬜ = 8   7 + ⬜ = 8

3 + ⬜ = 6   5 + ⬜ = 7

⬜ + 2 = 6   ⬜ + 3 = 9

각 주제별로 학습했던 연산 학습 중 연습이 더 필요한 부분을 본책 맨 뒤에서 제공합니다.
해당 연산 학습을 끝낸 후에 사용하세요.

쉽고 재미있게 생각하는 연산!

연산력 수학

노크

B2
(7세~초1)

9까지의 수의 덧셈과 뺄셈

쉽고 재미있게
생각하는 연산!

연산력 수학
노크
정답

B2
7세~초1

9까지의 수의
덧셈과 뺄셈

천재교육

연산력 수학 노크만의 스마트 학습

문제 생성기

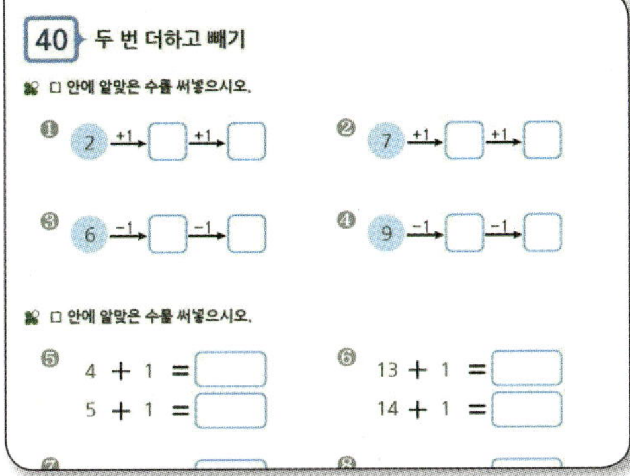

"**무엇을 배웠을까요**"를 풀고 난 후 QR코드를 찍어 보세요.
새로운 문제들이 계속 생성됩니다.
출력하여 사용하세요.

연산력 게임

"**연산력 게임**" 코너에 있는 QR코드를 찍어 보세요.
연산 학습과 연계된 재미있는 연산력 게임을 할 수 있습니다.

애니메이션

연산력 수학 노크에 나오는 친구들을 소개해요!!

모험가 친구들

지오
호기심 공주

태경
활동파 리더

마법사 멀린과 수학 요정

마법사 멀린

꼬마 요괴

딴소리	한입	장난	딴짓	멍하니	잠만자	울보	거꾸로

연산력 수학 노크 **B2** 차례

큰 수 더하기 작은 수

▶ 연산 보충 학습(102~103쪽)에서 더 풀어 보세요.

학부모 지도 가이드

'6+3'과 같이 합이 9 이하인 큰 수 더하기 작은 수의 덧셈을 공부합니다. 물건과 그림의 수를 세거나 뛰어 세어 덧셈하는 방법을 배우게 됩니다.

$$4 + 3 = 7 \qquad 5 + 3 = 8 \qquad 3 + 2 = 5$$

두 수를 바꾸어도 덧셈의 결과가 같음을 이용하여 큰 수를 찾아 작은 수를 더하는 방법이 더 편리함을 가르치도록 합니다.

그림 보고 더하기

🌳 닭이 모두 몇 마리인지 ☐ 안에 알맞은 수를 쓰세요.

$$3 + 1 = \boxed{}$$

$$4 + 2 = \boxed{}$$

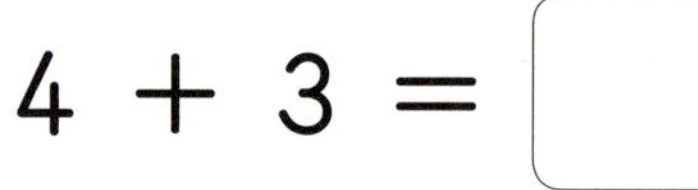

$$4 + 3 = \boxed{}$$

$$5 + 3 = \boxed{}$$

🌳 모두 몇 개인지 ☐ 안에 알맞은 수를 쓰세요.

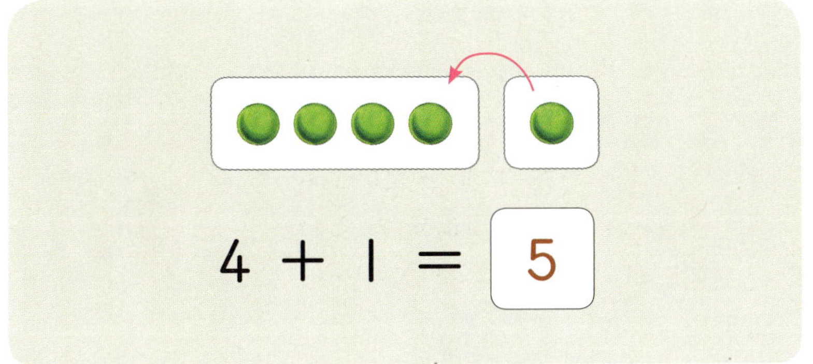

$$4 + 1 = \boxed{5}$$

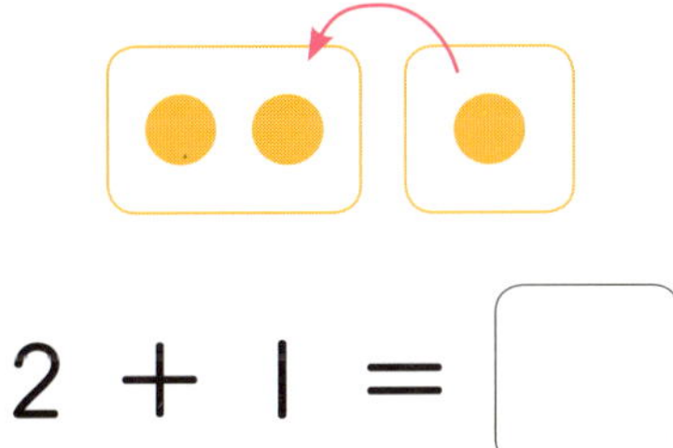

$$2 + 1 = \boxed{}$$

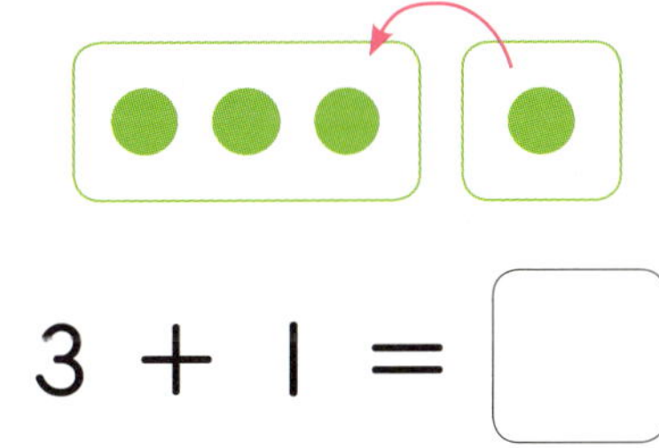

$$3 + 1 = \boxed{}$$

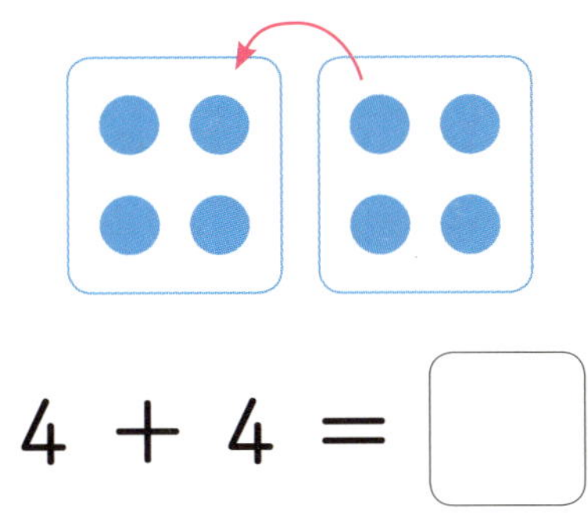

$$4 + 4 = \boxed{}$$

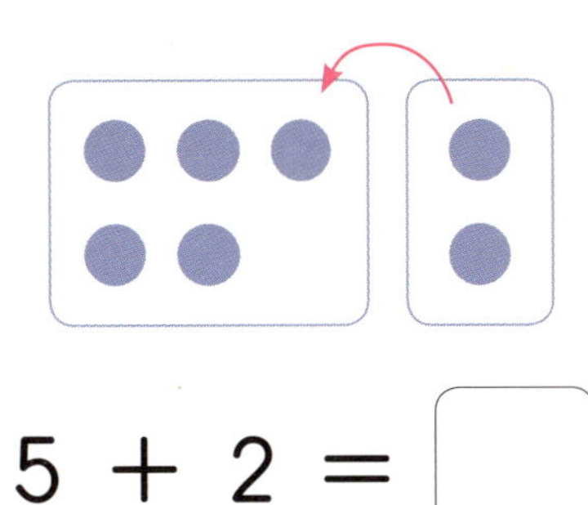

$$5 + 2 = \boxed{}$$

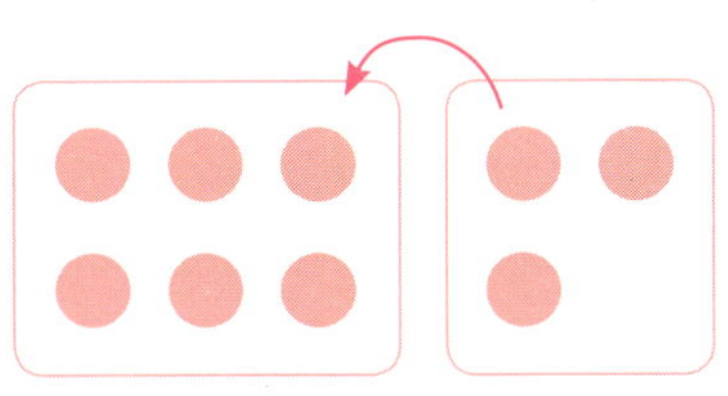

$$6 + 3 = \boxed{}$$

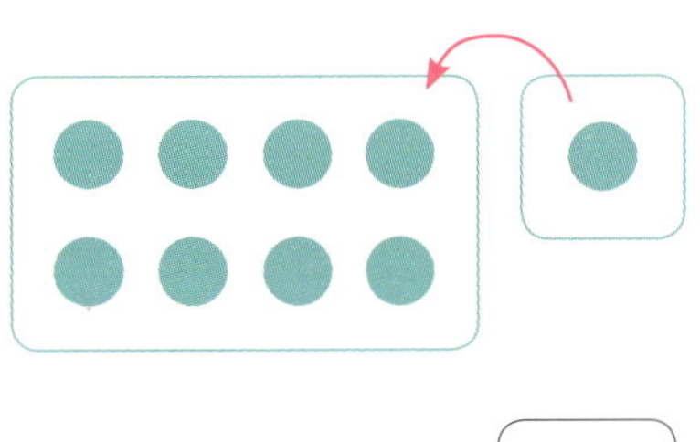

$$8 + 1 = \boxed{}$$

지오는 과일의 개수를 세고 있어요.

🌱 과일은 모두 몇 개인지 ◯ 안에 알맞은 수를 쓰세요.

$$3 + 2 = \boxed{}$$

$$4 + 2 = \boxed{}$$

$$5 + 4 = \boxed{}$$

$$6 + 2 = \boxed{}$$

🌳 모두 몇 개인지 ☐ 안에 알맞은 수를 쓰세요.

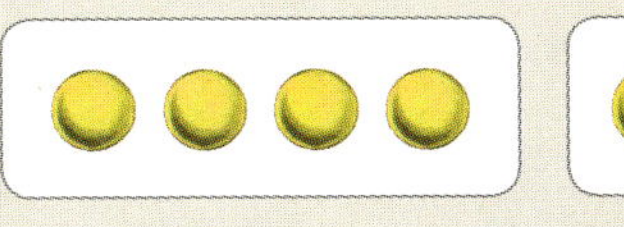

$$4 + 3 = \boxed{7}$$

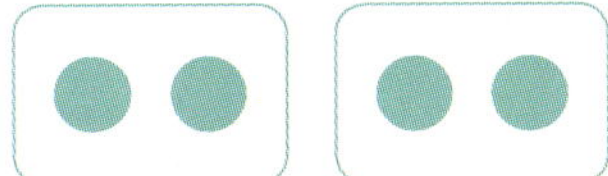

$$2 + 2 = \boxed{}$$

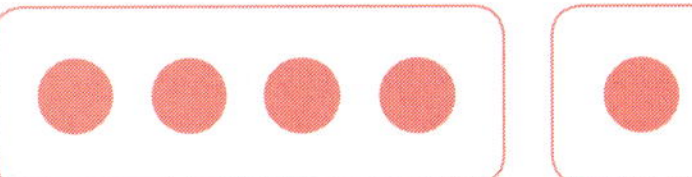

$$4 + 1 = \boxed{}$$

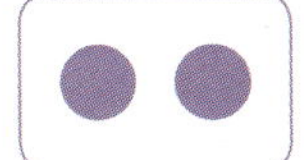

$$5 + 2 = \boxed{}$$

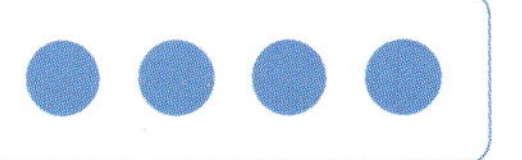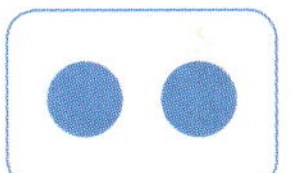

$$4 + 2 = \boxed{}$$

$$5 + 3 = \boxed{}$$

$$7 + 2 = \boxed{}$$

뛰어서 더하기

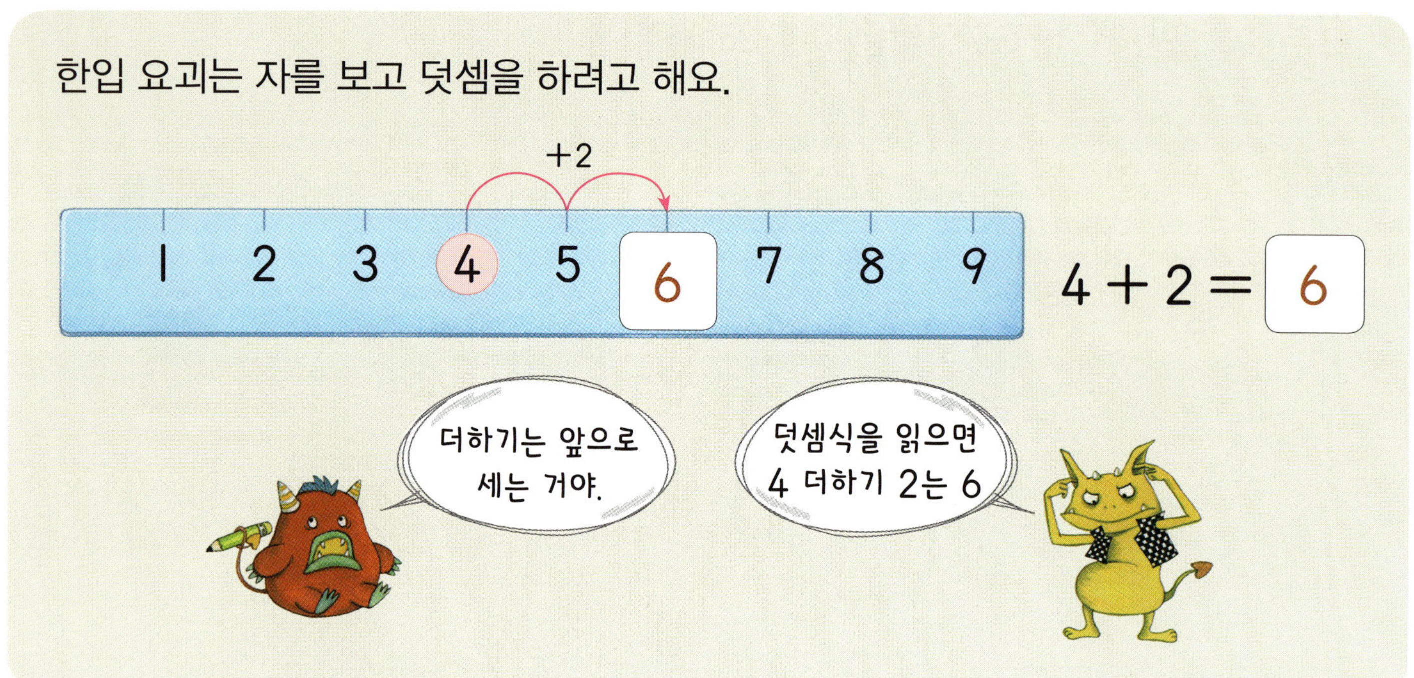

🌳 빈칸에 알맞은 수를 쓰고 덧셈을 하세요.

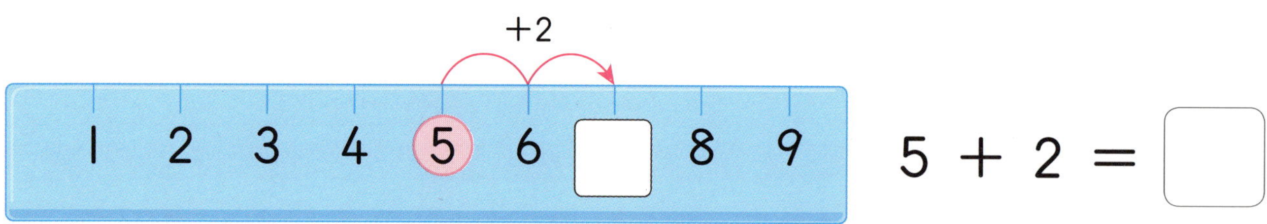

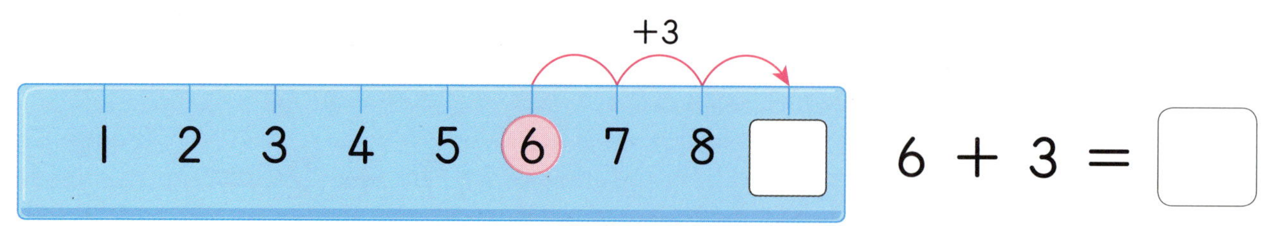

빈칸에 알맞은 수를 쓰고 덧셈을 하세요.

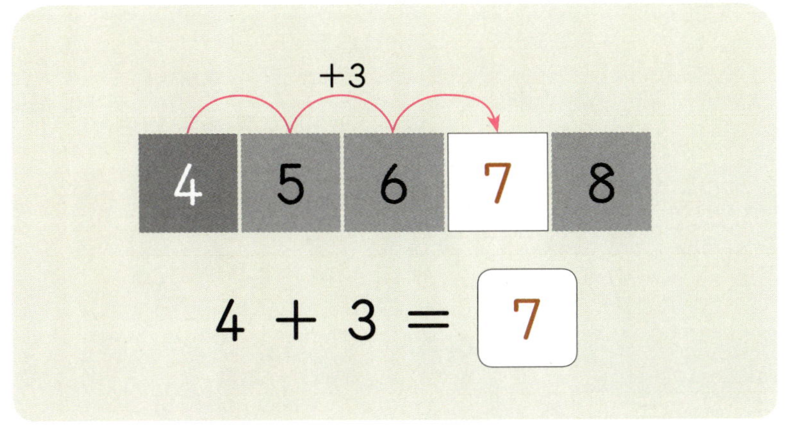
+3
4 5 6 7 8
4 + 3 = 7

4에서 더하는 수 3만큼을 뛰면 7이야.

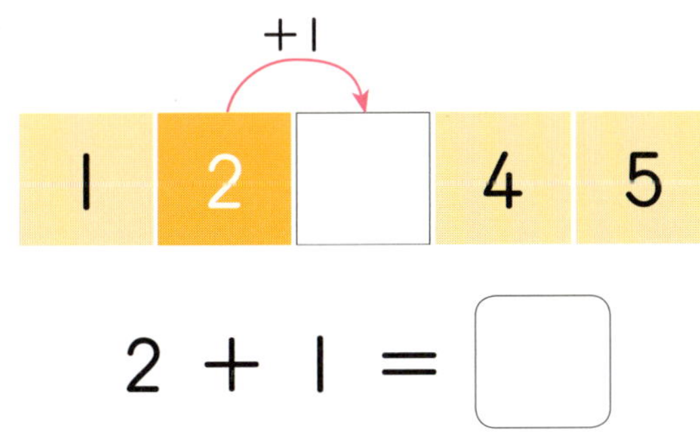
+1
1 2 4 5
2 + 1 =

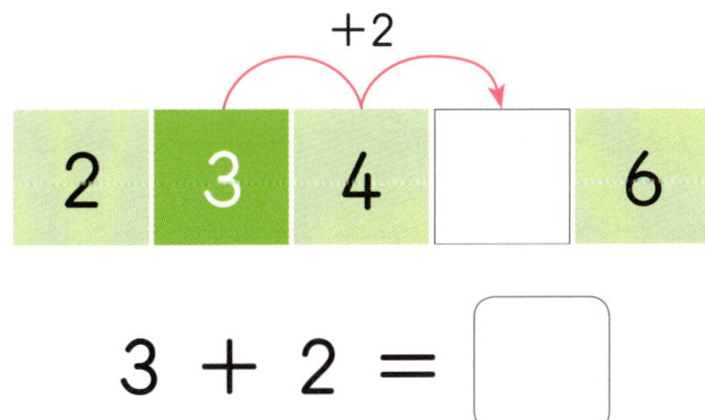
+2
2 3 4 6
3 + 2 =

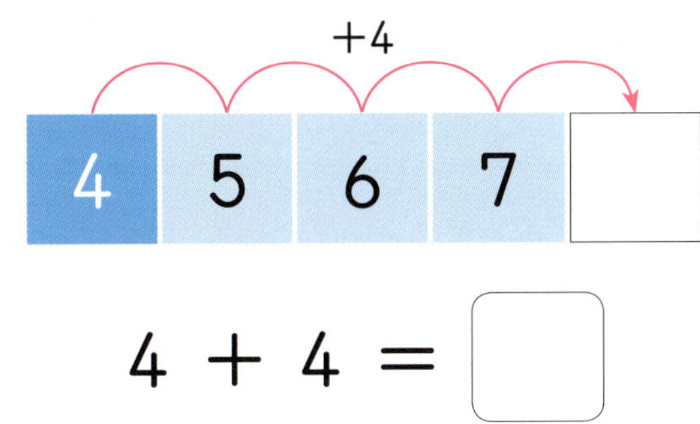
+4
4 5 6 7
4 + 4 =

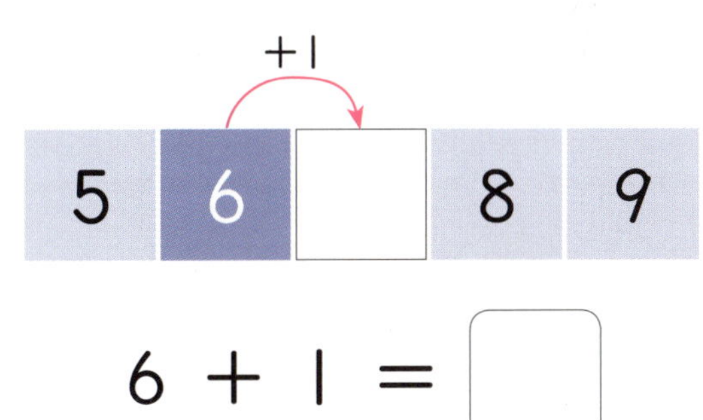
+1
5 6 8 9
6 + 1 =

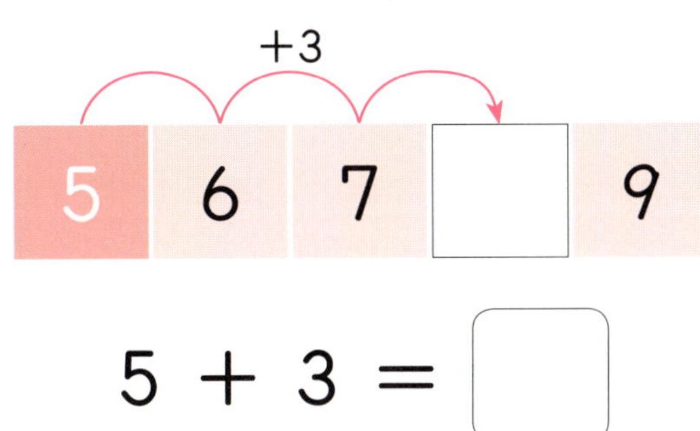
+3
5 6 7 9
5 + 3 =

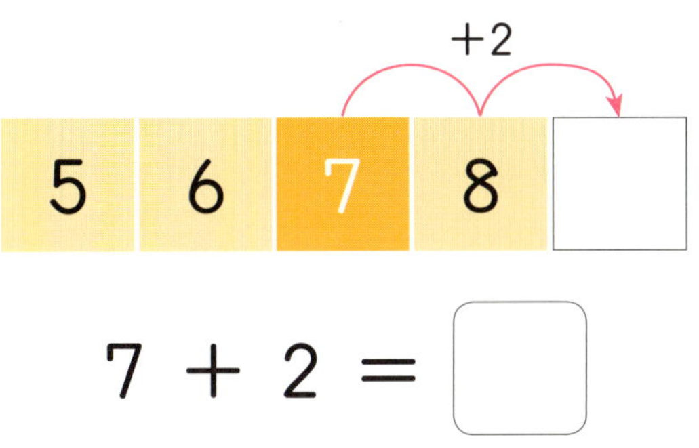
+2
5 6 7 8
7 + 2 =

태경이는 수를 보면서 징검다리를 건너려고 해요.

🌳 빈칸에 알맞은 수를 쓰고 덧셈을 하세요.

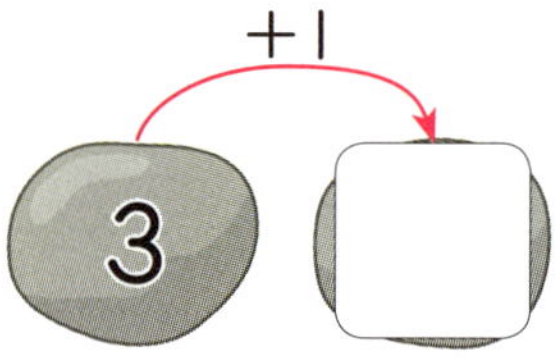

+1
3

3 + 1 =

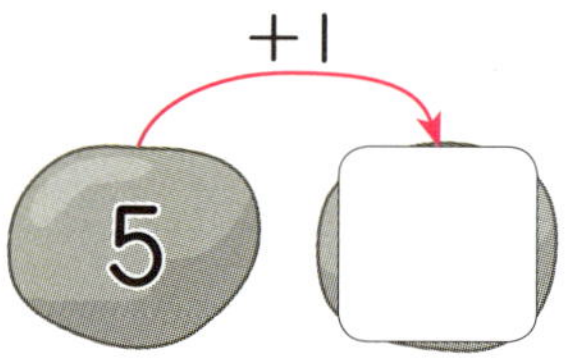

+1
5

5 + 1 =

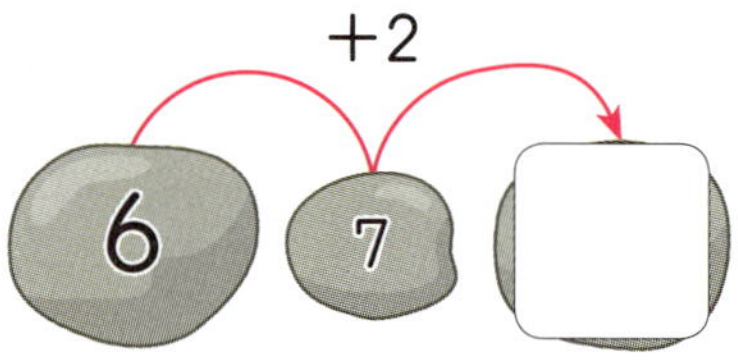

+2
6 7

6 + 2 =

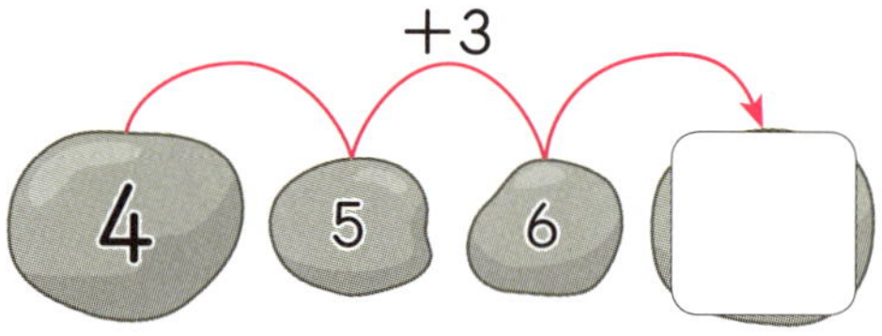

+3
4 5 6

4 + 3 =

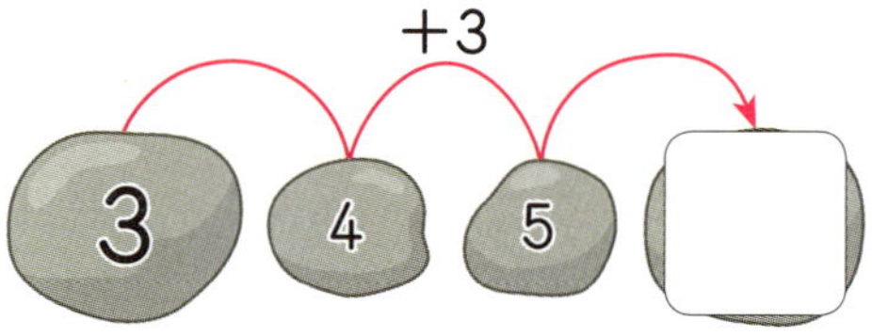

+3
3 4 5

3 + 3 =

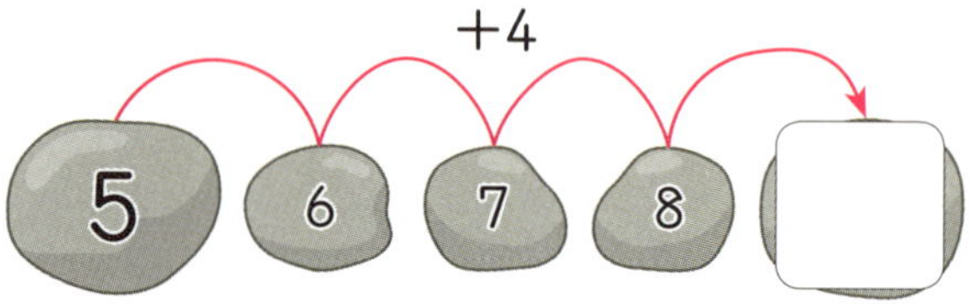

+4
5 6 7 8

5 + 4 =

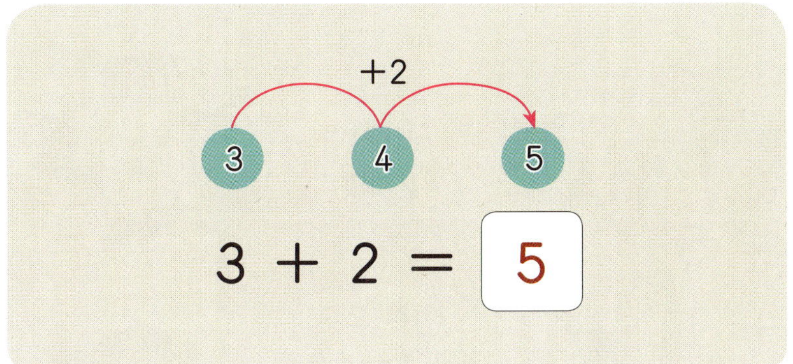

1 + 1 = ☐   3 + 1 = ☐

4 + 2 = ☐   4 + 3 = ☐

8 + 1 = ☐   6 + 1 = ☐

4 + 4 = ☐   7 + 2 = ☐

가로셈과 세로셈

🌳 가로셈과 세로셈을 하여 ☐ 안에 알맞은 수를 쓰세요.

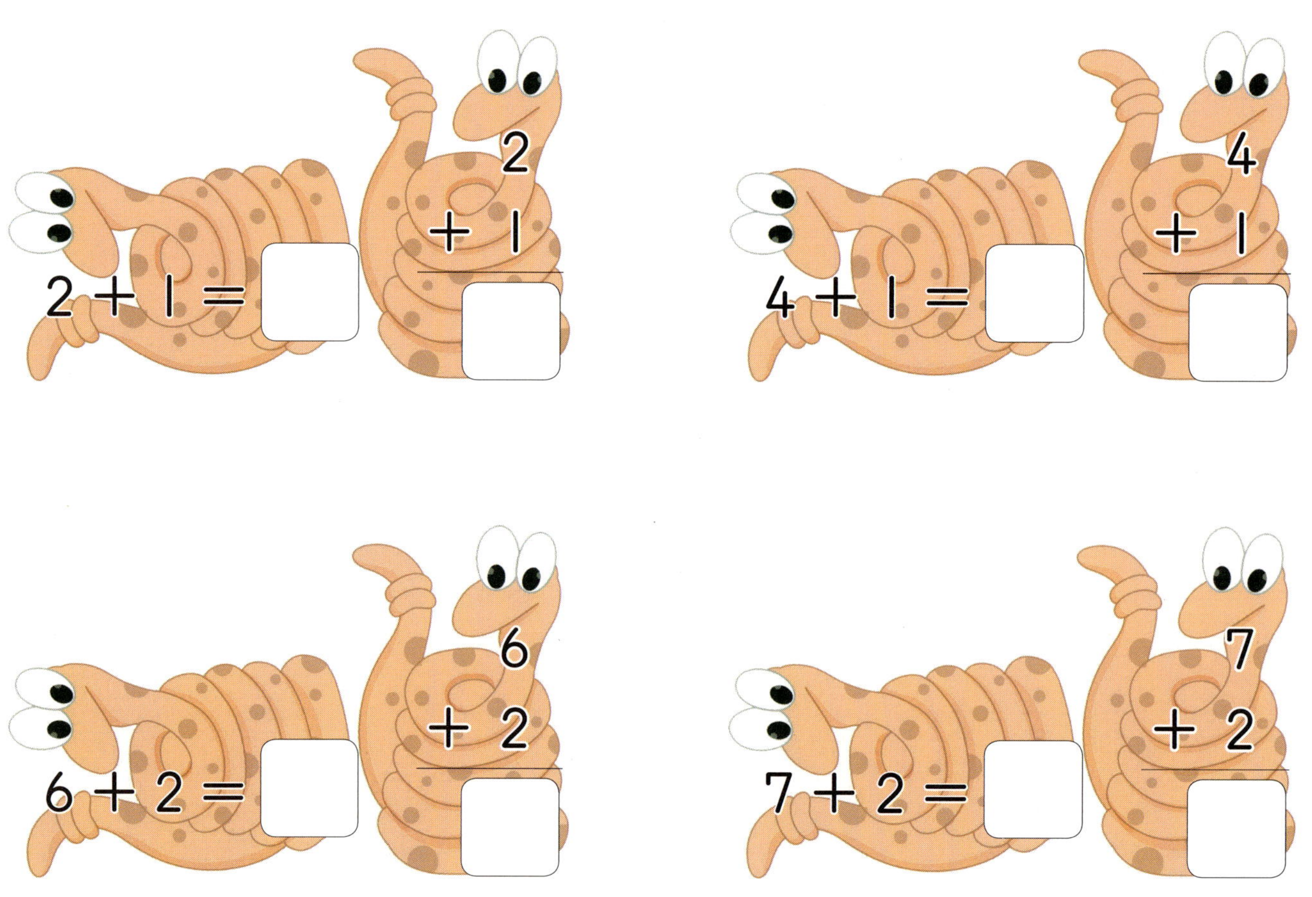

🌱 가로셈과 세로셈을 하여 ☐ 안에 알맞은 수를 쓰세요.

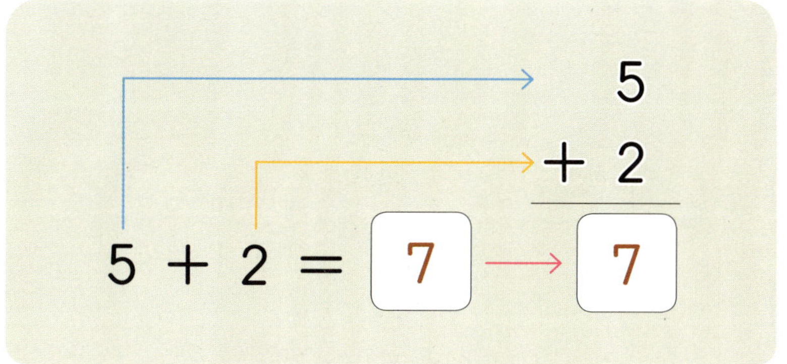

3 + 1 =
$$\begin{array}{r} 3 \\ +\ 1 \\ \hline \end{array}$$

2 + 4 =
$$\begin{array}{r} 2 \\ +\ 4 \\ \hline \end{array}$$

5 + 3 =
$$\begin{array}{r} 5 \\ +\ 3 \\ \hline \end{array}$$

3 + 2 =
$$\begin{array}{r} 3 \\ +\ 2 \\ \hline \end{array}$$

8 + 1 =
$$\begin{array}{r} 8 \\ +\ 1 \\ \hline \end{array}$$

4 + 3 =
$$\begin{array}{r} 4 \\ +\ 3 \\ \hline \end{array}$$

지오의 아버지는 수 자동차를 운전하고 있어요.

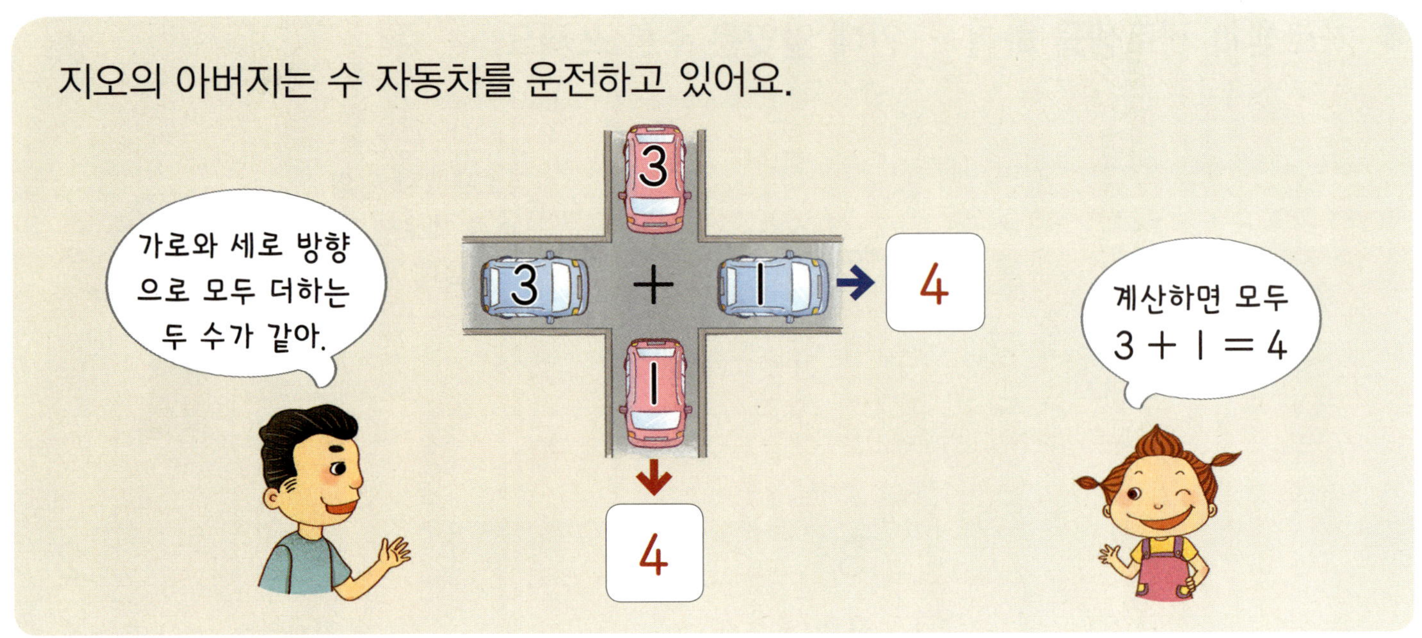

● 가로와 세로로 두 수를 각각 더하여 ☐ 안에 알맞은 수를 쓰세요.

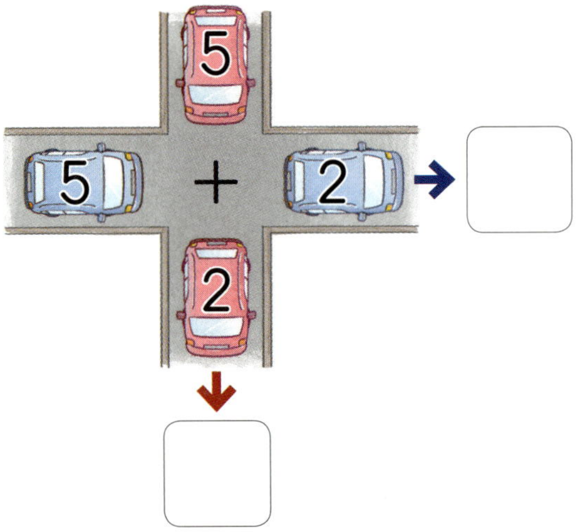

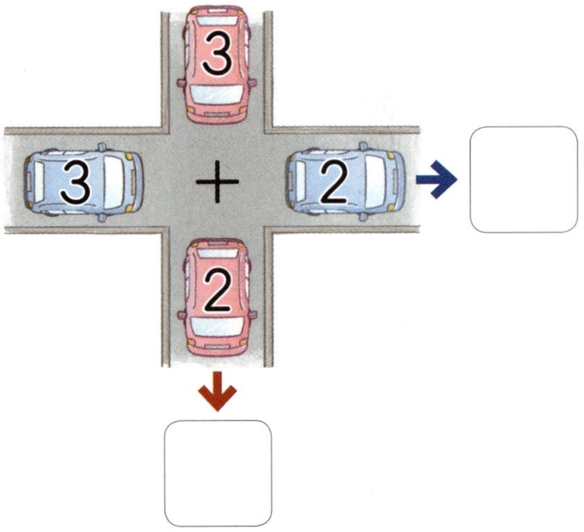

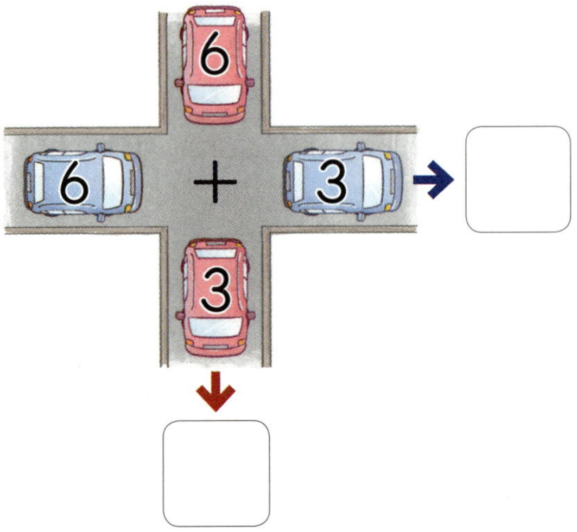

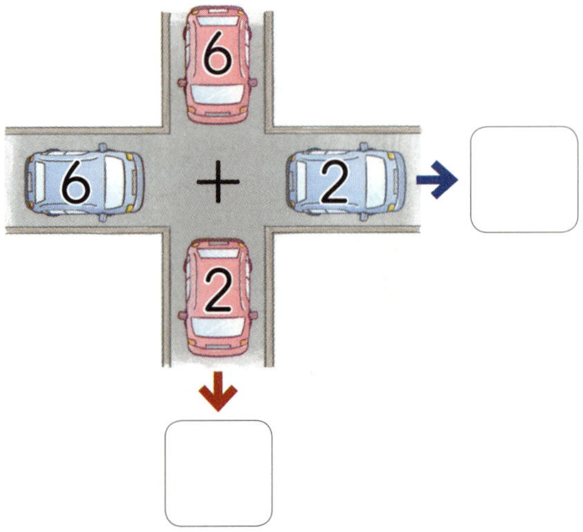

🌱 덧셈을 하세요.

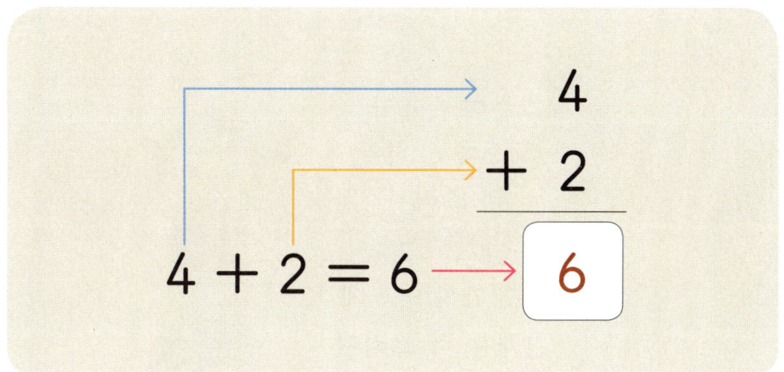

$$
\begin{array}{r} 2 \\ +\ 1 \\ \hline \end{array}
\qquad
\begin{array}{r} 3 \\ +\ 2 \\ \hline \end{array}
\qquad
\begin{array}{r} 4 \\ +\ 3 \\ \hline \end{array}
$$

공부한 날

월

일

$$
\begin{array}{r} 7 \\ +\ 1 \\ \hline \end{array}
\qquad
\begin{array}{r} 5 \\ +\ 3 \\ \hline \end{array}
\qquad
\begin{array}{r} 6 \\ +\ 2 \\ \hline \end{array}
$$

$$
\begin{array}{r} 7 \\ +\ 2 \\ \hline \end{array}
\qquad
\begin{array}{r} 6 \\ +\ 1 \\ \hline \end{array}
\qquad
\begin{array}{r} 5 \\ +\ 2 \\ \hline \end{array}
$$

☐가 있는 더하기

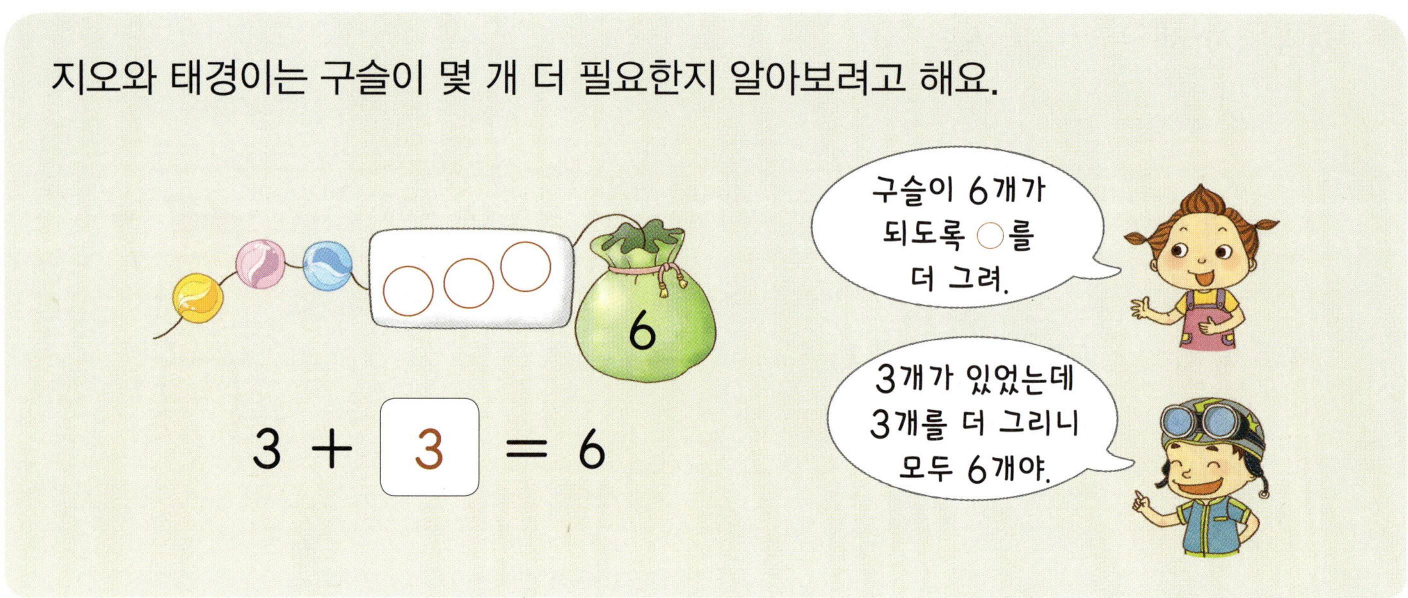

🌳 구슬이 주머니에 적힌 수만큼 있도록 ○를 더 그리고 ☐ 안에 알맞은 수를 쓰세요.

5

3 + ☐ = 5

8

5 + ☐ = 8

🌳 ☐ 안에 알맞은 수를 쓰세요.

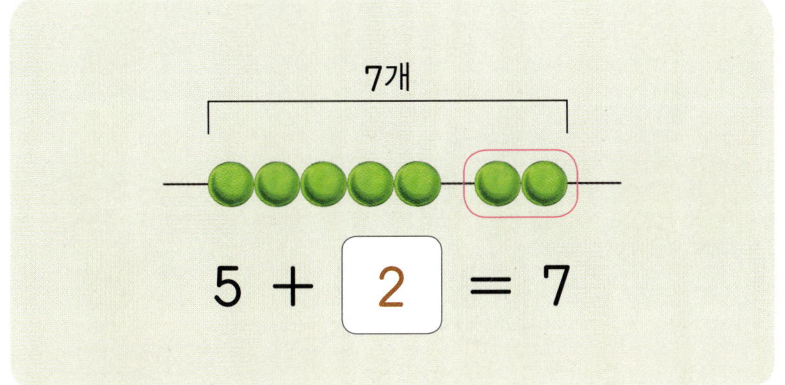

3 + ☐ = 4

2 + ☐ = 3

4 + ☐ = 7

6 + ☐ = 8

5 + ☐ = 6

6 + ☐ = 7

4 + ☐ = 8

6 + ☐ = 9

개구리가 연잎 위를 뛰려고 해요.

$\boxed{4} + 3 = 7$

그림을 보고 ▢ 안에 알맞은 수를 쓰세요.

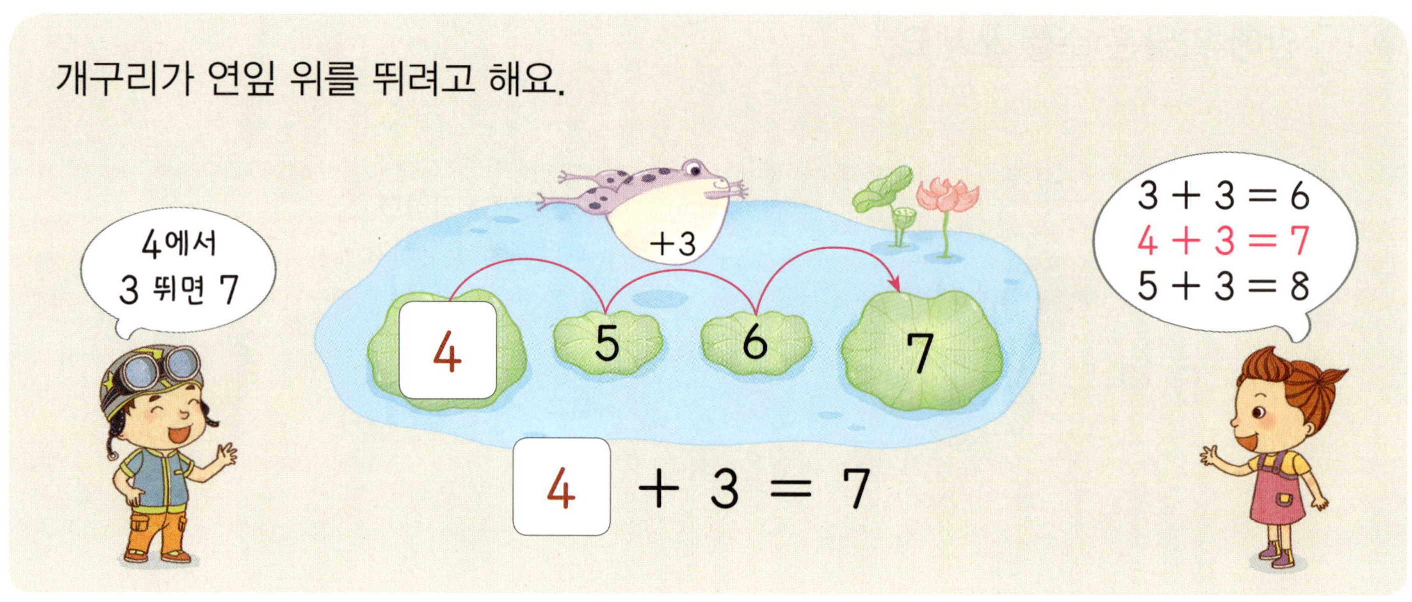

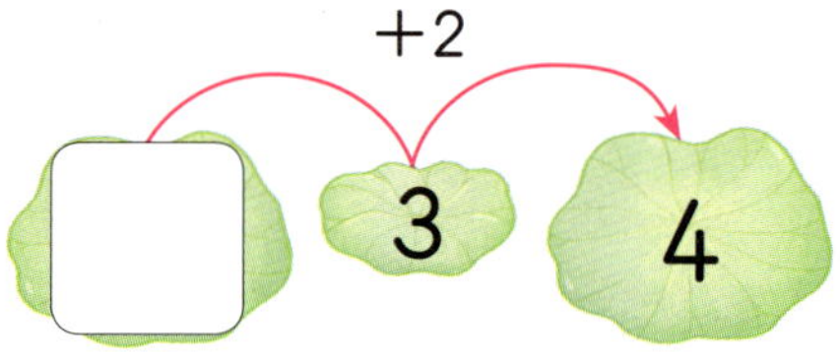

$\square + 2 = 4$

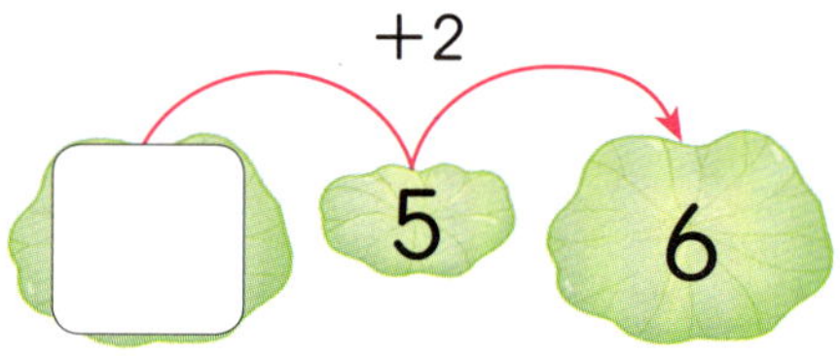

$\square + 2 = 6$

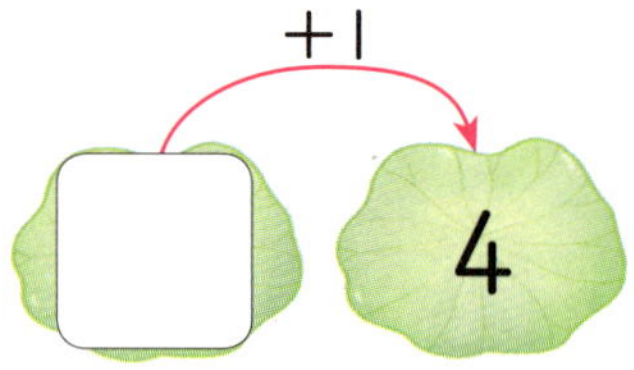

$\square + 1 = 4$

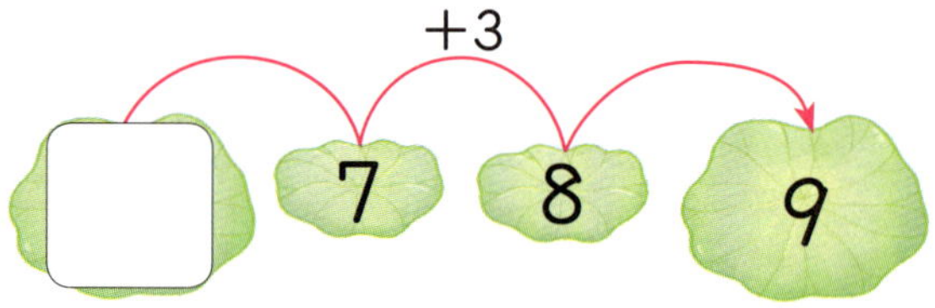

$\square + 3 = 9$

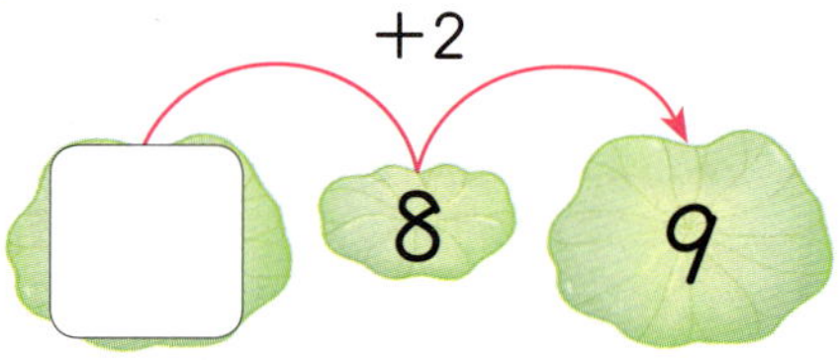

$\square + 2 = 9$

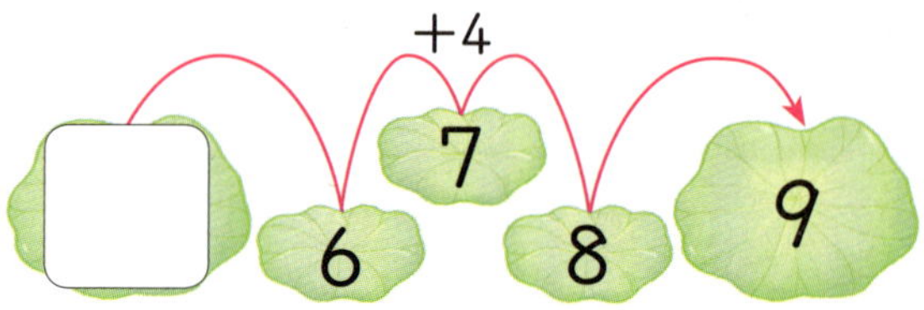

$\square + 4 = 9$

🌳 ☐ 안에 알맞은 수를 쓰세요.

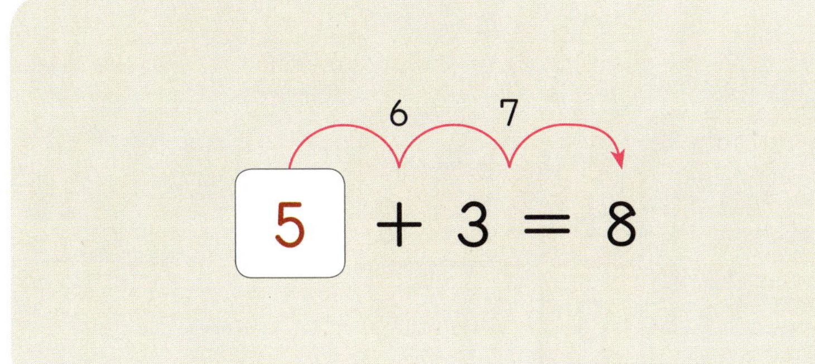

☐ + 1 = 2

☐ + 1 = 3

☐ + 2 = 6

☐ + 4 = 9

☐ + 1 = 7

☐ + 5 = 8

☐ + 3 = 9

☐ + 1 = 6

공부한 날
월
일

덧셈표

태경이가 화장실에서 양치를 하고 있어요.

🌳 빈칸에 알맞은 수를 써넣어 덧셈표를 완성하세요.

+	2	3	4
4			

+	1	2	3
5			

+	1	2	3
3			

+	1	2	3
6			

🌳 빈칸에 알맞은 수를 써넣어 덧셈표를 완성하세요.

+	1	2	3
5	6 (5+1)	7 (5+2)	8 (5+3)

+	2	3	4
3			

+	2	3	4
4			

+	2	3	4
5			

+	1	2	3
6			

+	1	2	3
4			

+	3	4	5
4			

태경이와 지오는 커튼에 있는 덧셈표를 완성하려고 해요.

🌳 빈칸에 알맞은 수를 써넣어 덧셈표를 완성하세요.

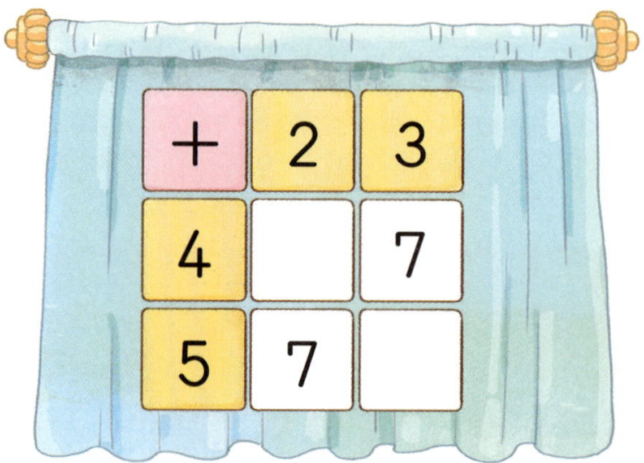

🌳 빈칸에 알맞은 수를 써넣어 덧셈표를 완성하세요.

+	1	2
3	4 (3+1)	5 (3+2)
4	5 (4+1)	6 (4+2)

+	2	3
4		
5		

+	2	3
3		
4		

+	1	2
6		
7		

+	1	2
2		
3		

+	1	2
5		
6		

+	2	3
5		
6		

🌲 모두 몇 마리인지 ⬜ 안에 알맞은 수를 쓰세요.

$$5 + 1 = \boxed{}$$

$$4 + 3 = \boxed{}$$

🌲 빈칸에 알맞은 수를 쓰고 덧셈을 하세요.

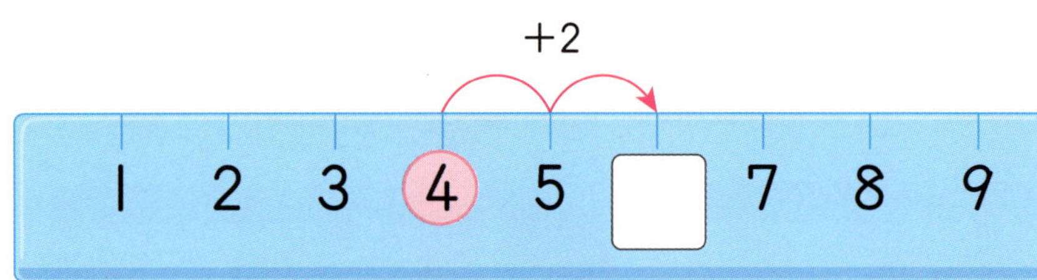

$$4 + 2 = \boxed{}$$

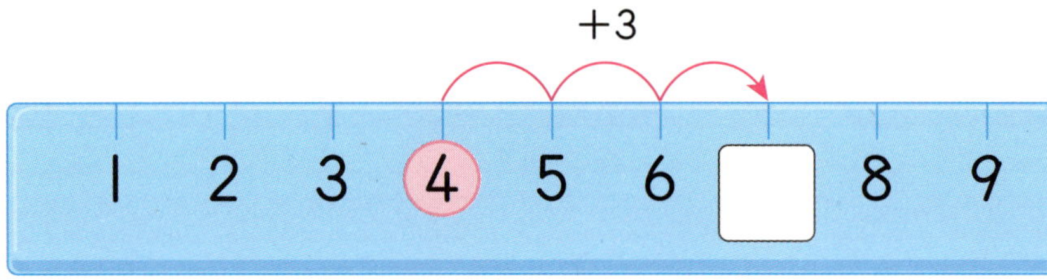

$$4 + 3 = \boxed{}$$

🌲 덧셈을 하세요.

$$7 + 1 = \boxed{}$$

$$5 + 4 = \boxed{}$$

🌲 가로셈과 세로셈을 하여 ☐ 안에 알맞은 수를 쓰세요.

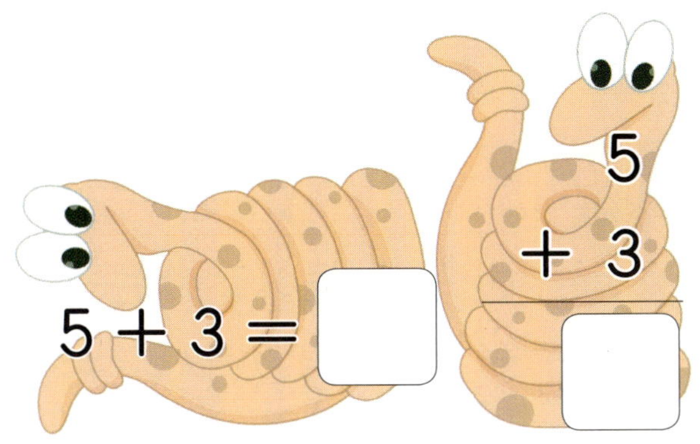

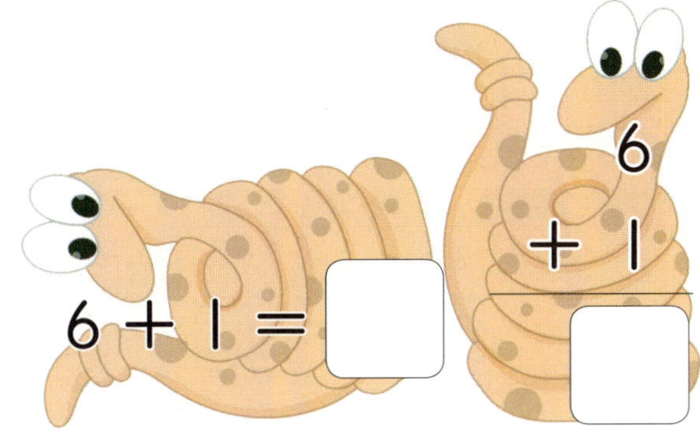

🌲 ☐ 안에 알맞은 수를 쓰세요.

$$5 + \boxed{} = 7 \qquad\qquad 7 + \boxed{} = 8$$

$$4 + \boxed{} = 6 \qquad\qquad 6 + \boxed{} = 9$$

🌲 빈칸에 알맞은 수를 써넣어 덧셈표를 완성하세요.

+	1	2	3
4			

+	2	3	4
5			

연산력 게임

QR코드를 찍으면 다양한 연산 게임을 할 수 있어요.

부릉부릉 캠핑을 떠나요

빈 곳에 들어갈 수는 무엇일까요?

덧셈을 하여 아래쪽에서 빈 곳에 들어갈 알맞은 수를 골라 손가락으로 끌어서 넣으세요.
5를 넣으면 정답입니다.

빈 곳에 들어갈 수는 무엇일까요?

덧셈을 하여 아래쪽에서 빈 곳에 들어갈 알맞은 수를 골라 손가락으로 끌어서 넣으세요.
7을 넣으면 정답입니다.

블록 맞추기

작은 수 더하기 큰 수

▶ 연산 보충 학습(104~105쪽)에서 더 풀어 보세요.

학부모 지도 가이드

'3+6'과 같이 합이 9 이하인 작은 수 더하기 큰 수의 덧셈을 공부합니다. 사물이나 그림의 수를 세거나 뛰어 세어 덧셈하는 방법을 배우게 됩니다.

$$1 + 5 = 6$$
$$5 + 1 = 6$$

$$2 + 4 = 6$$
$$4 + 2 = 6$$

$$2 + 6 = 8$$
$$6 + 2 = 8$$

두 수를 바꾸어도 덧셈의 결과가 같음을 이용하여 큰 수를 찾아 작은 수를 더하는 방법이 더 편리함을 가르치도록 합니다.

바꾸어 더하기

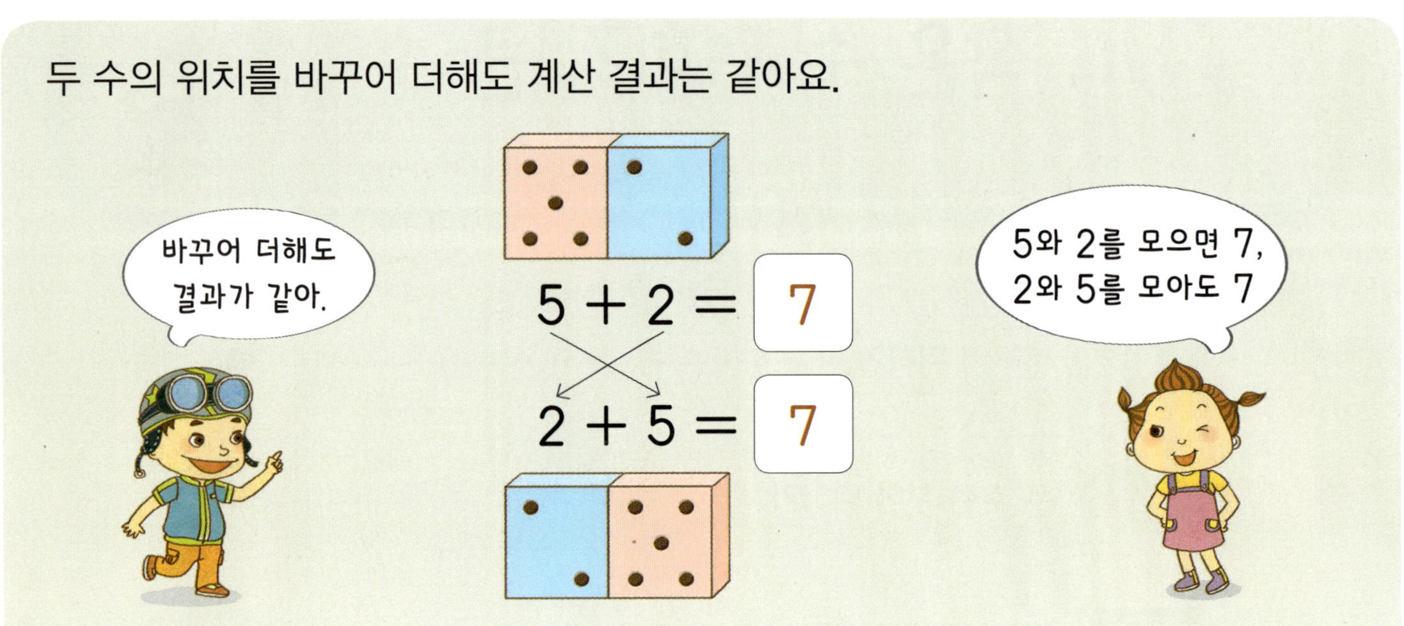

🌳 덧셈을 하세요.

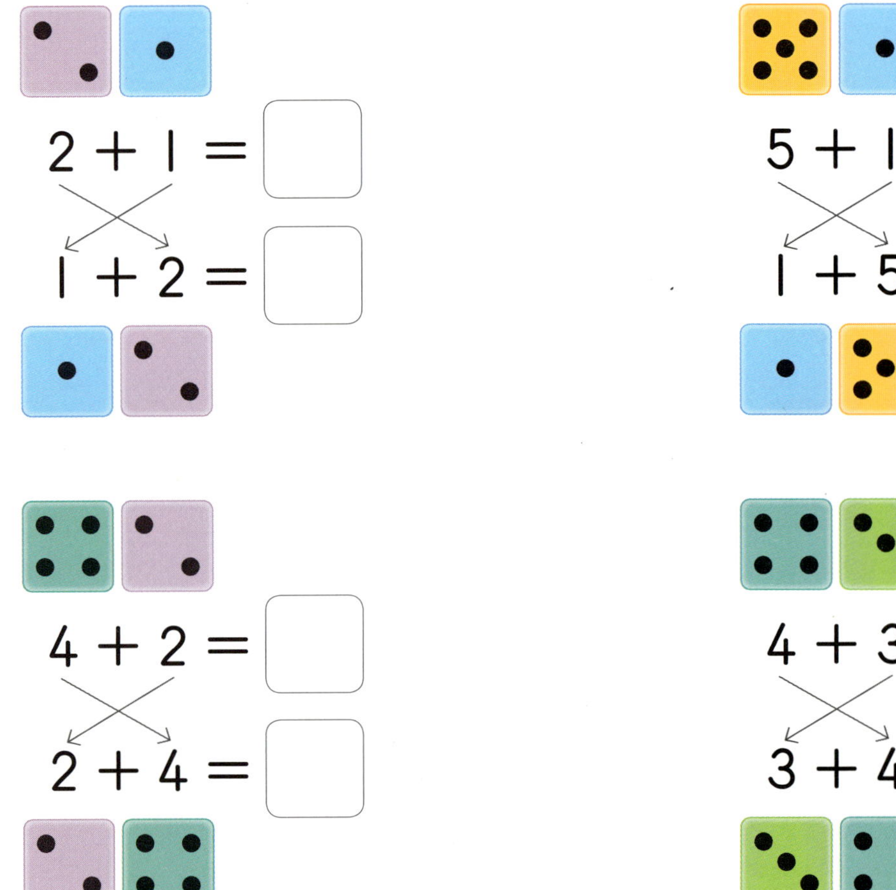

$2 + 1 = \boxed{}$

$1 + 2 = \boxed{}$

$5 + 1 = \boxed{}$

$1 + 5 = \boxed{}$

$4 + 2 = \boxed{}$

$2 + 4 = \boxed{}$

$4 + 3 = \boxed{}$

$3 + 4 = \boxed{}$

🌲 덧셈을 하세요.

$5 + 1 = \boxed{6}$

$1 + 5 = \boxed{6}$

$3 + 2 = \boxed{}$

$2 + 3 = \boxed{}$

$6 + 2 = \boxed{}$

$2 + 6 = \boxed{}$

$5 + 4 = \boxed{}$

$4 + 5 = \boxed{}$

$4 + 3 = \boxed{}$

$3 + 4 = \boxed{}$

$7 + 1 = \boxed{}$

$1 + 7 = \boxed{}$

$6 + 3 = \boxed{}$

$3 + 6 = \boxed{}$

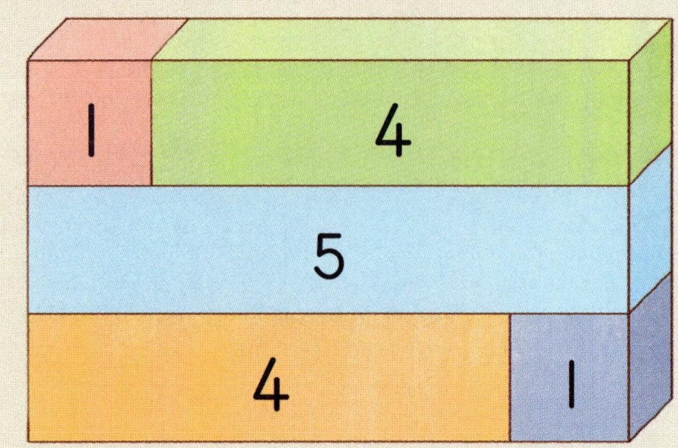

$1 + 4 = \boxed{5}$

$4 + 1 = \boxed{5}$

🌳 그림을 보고 덧셈을 하세요.

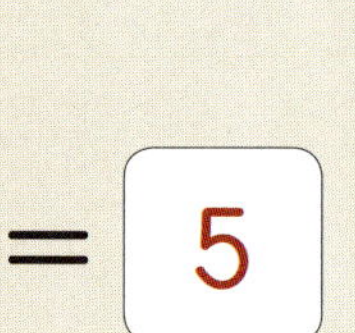

$1 + 7 = \boxed{}$

$7 + 1 = \boxed{}$

$3 + 6 = \boxed{}$

$6 + 3 = \boxed{}$

$2 + 6 = \boxed{}$

$6 + 2 = \boxed{}$

3 + 4 = ☐   1 + 2 = ☐

2 + 4 = ☐   3 + 5 = ☐

2 + 7 = ☐   1 + 3 = ☐

2 + 6 = ☐   1 + 8 = ☐

큰 수를 찾아 더하기

지오와 태경이는 구슬을 모으려고 해요.

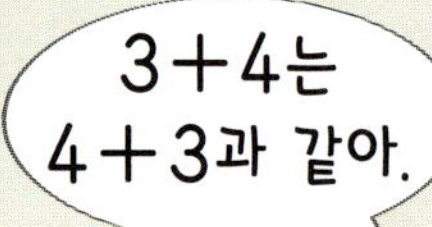

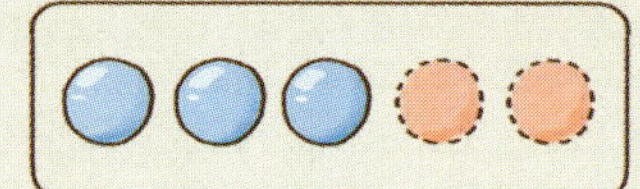
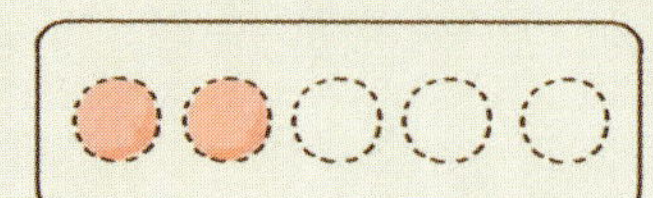

$$3 + 4 = 7$$

🌳 큰 수만큼 더 색칠하고 덧셈을 하세요.

$$1 + 3 = \boxed{}$$

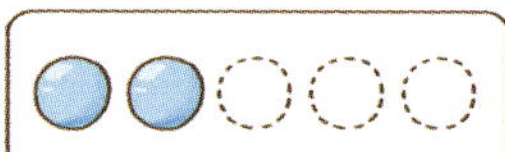

$$2 + 3 = \boxed{}$$

$$2 + 6 = \boxed{}$$

$$1 + 5 = \boxed{}$$

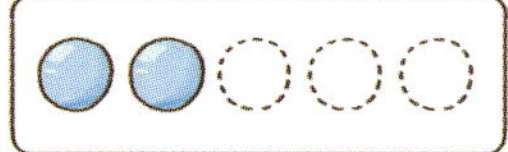

$$2 + 7 = \boxed{}$$

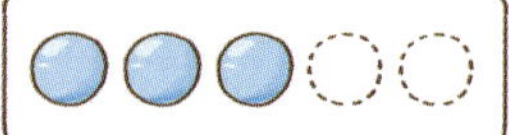

$$3 + 5 = \boxed{}$$

🌳 큰 수에 ◯표 하고 덧셈을 하세요.

$$2 + 6 = \boxed{8}$$

$$6 + 2 = 8$$

$1 + 3 = \boxed{}$

$1 + 2 = \boxed{}$

$2 + 5 = \boxed{}$

$4 + 5 = \boxed{}$

$2 + 6 = \boxed{}$

$2 + 3 = \boxed{}$

$1 + 5 = \boxed{}$

$3 + 6 = \boxed{}$

지오와 태경이는 뛰어 세어 덧셈을 하려고 해요.

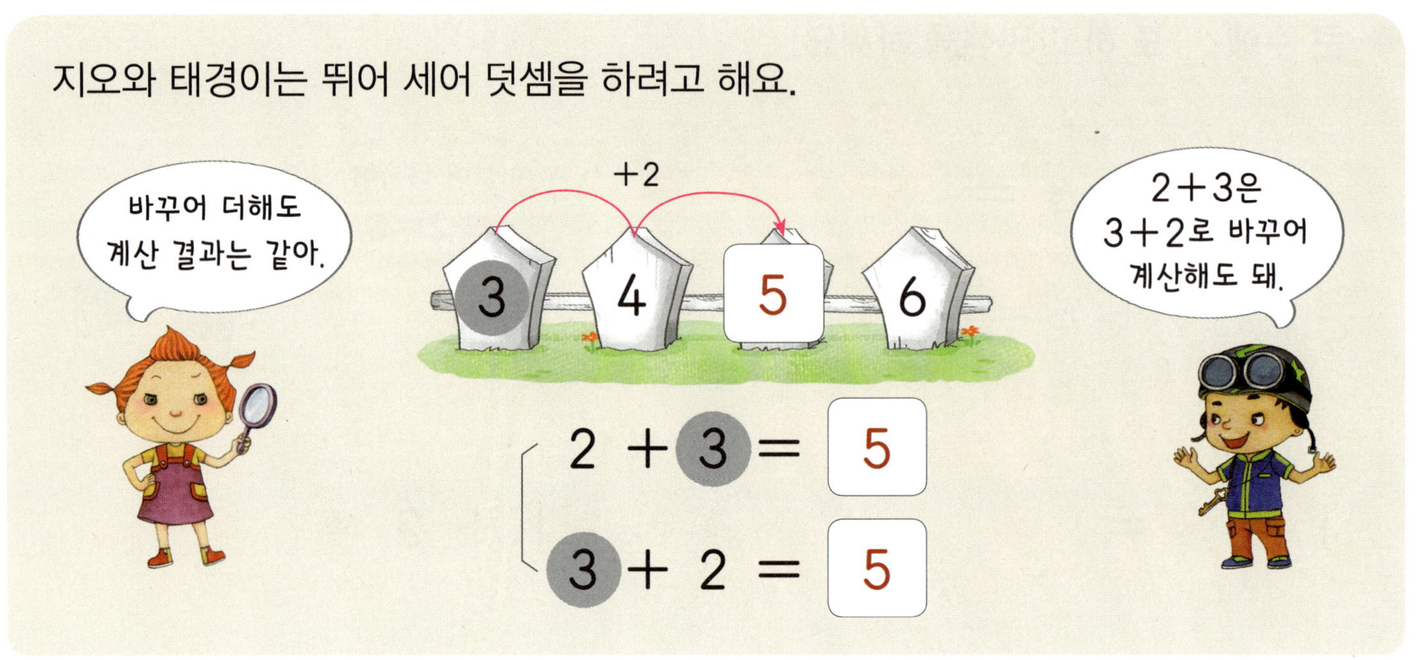

🌳 큰 수에서 작은 수만큼 뛰어 세어 ⬜ 안에 알맞은 수를 쓰세요.

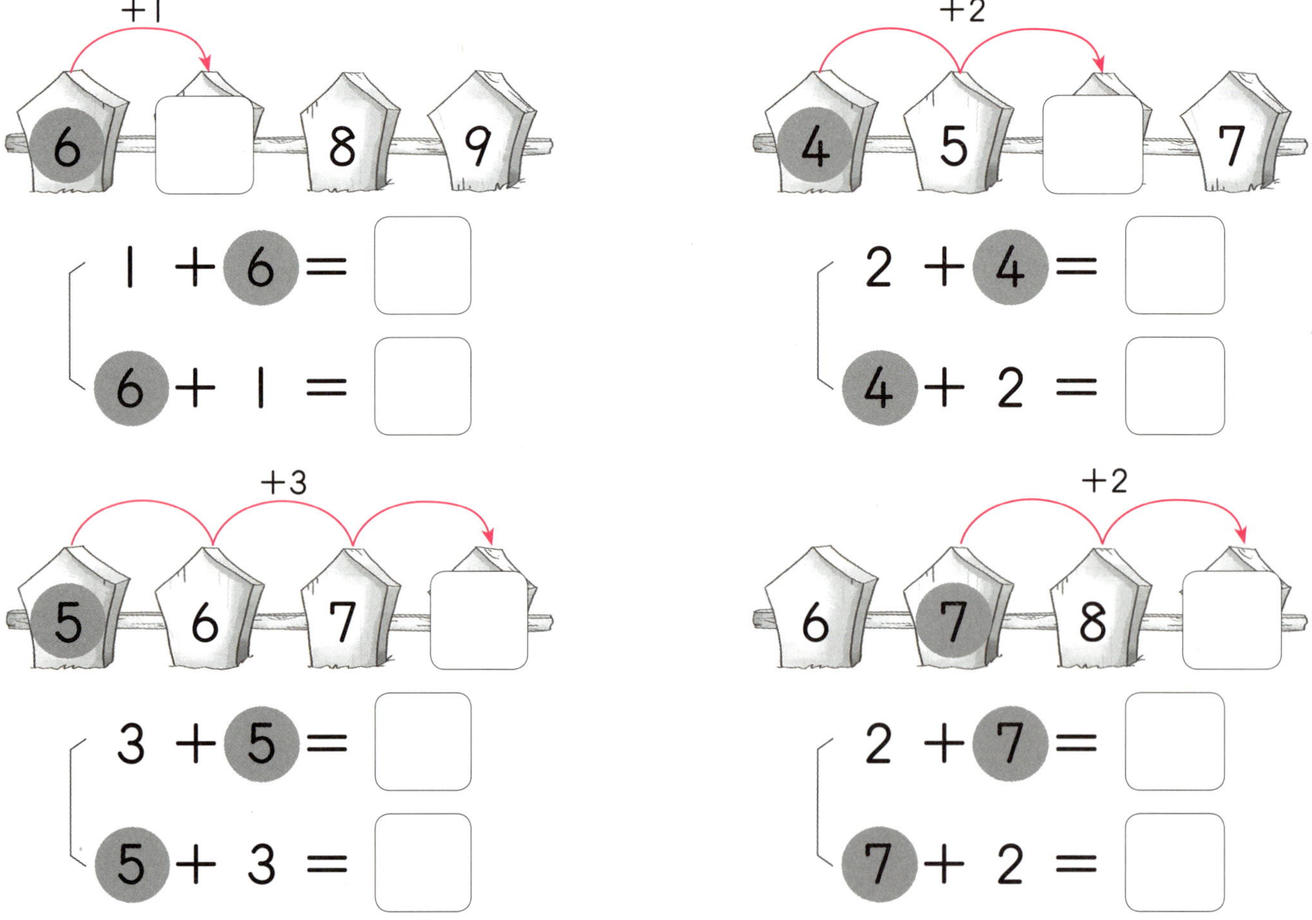

큰 수에 ◯표 한 다음, 덧셈을 하세요.

$1 + ⑦ = 8$

$3 + 4 = \boxed{}$

$1 + 4 = \boxed{}$

$2 + 4 = \boxed{}$

$1 + 3 = \boxed{}$

$2 + 3 = \boxed{}$

$4 + 5 = \boxed{}$

$1 + 7 = \boxed{}$

$2 + 5 = \boxed{}$

가로셈과 세로셈

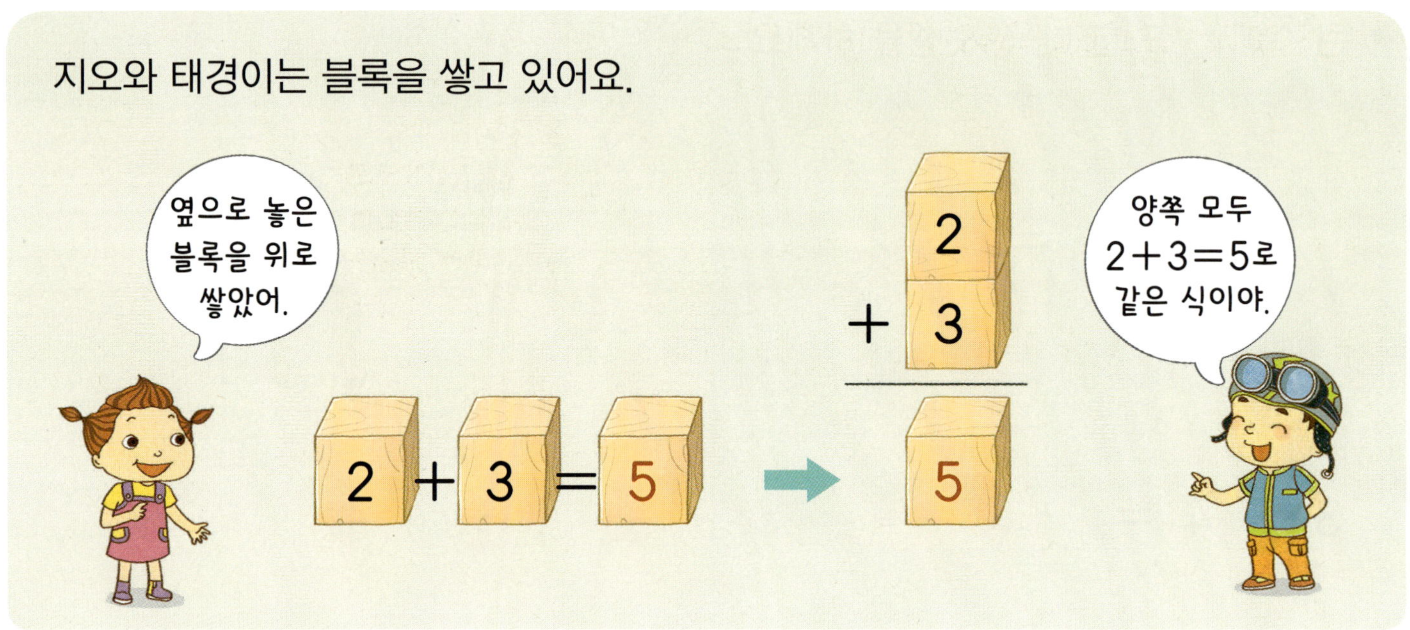

🌱 가로셈과 세로셈을 하여 덧셈을 하세요.

🌳 **가로셈과 세로셈을 하여 덧셈을 하세요.**

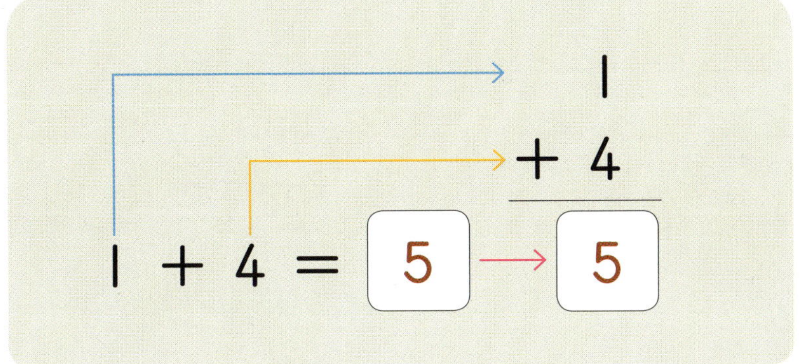

$$1 + 4 = \boxed{5} \rightarrow \boxed{5}$$

$$\begin{array}{r} 1 \\ + 4 \\ \hline 5 \end{array}$$

$$2 + 5 = \boxed{} \rightarrow \boxed{}$$

$$\begin{array}{r} 2 \\ + 5 \\ \hline \end{array}$$

$$1 + 2 = \boxed{}$$

$$\begin{array}{r} 1 \\ + 2 \\ \hline \end{array}$$

$$3 + 4 = \boxed{}$$

$$\begin{array}{r} 3 \\ + 4 \\ \hline \end{array}$$

$$2 + 6 = \boxed{}$$

$$\begin{array}{r} 2 \\ + 6 \\ \hline \end{array}$$

$$1 + 5 = \boxed{}$$

$$\begin{array}{r} 1 \\ + 5 \\ \hline \end{array}$$

$$3 + 6 = \boxed{}$$

$$\begin{array}{r} 3 \\ + 6 \\ \hline \end{array}$$

지오와 태경이는 퍼즐 맞추기를 하고 있어요.

🌳 가로 방향과 세로 방향으로 두 수를 각각 더하여 ☐ 안에 알맞은 수를 쓰세요.

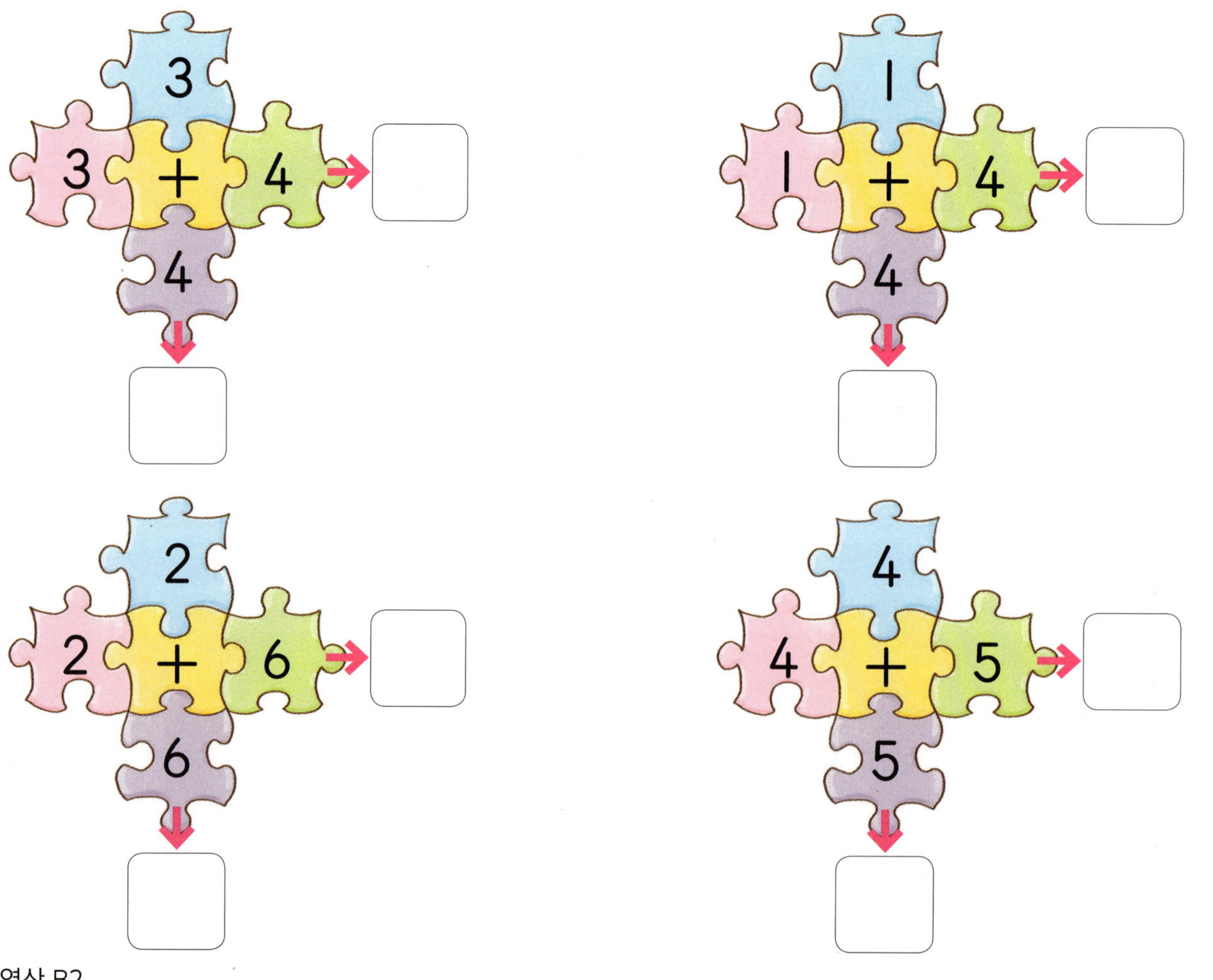

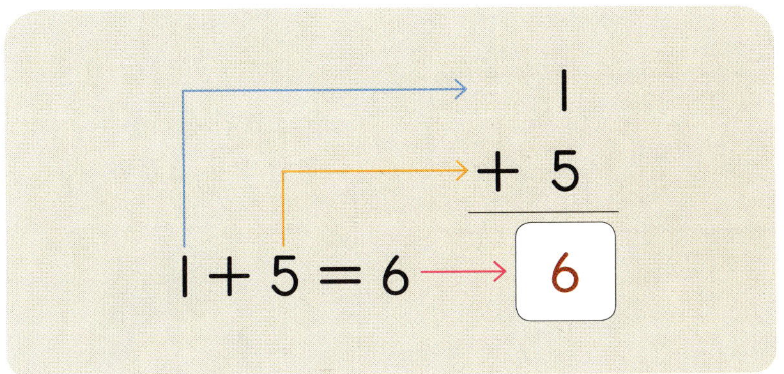

$$2 + 3 = \square$$

$$1 + 6 = \square$$

$$1 + 3 = \square$$

$$2 + 5 = \square$$

$$3 + 6 = \square$$

$$2 + 4 = \square$$

$$1 + 7 = \square$$

$$3 + 4 = \square$$

$$4 + 5 = \square$$

□가 있는 더하기

🌳 남은 빵을 ⬭로 묶은 다음, ☐ 안에 알맞은 수를 쓰세요.

1 + ☐ = 3   2 + ☐ = 5

2 + ☐ = 8   4 + ☐ = 9

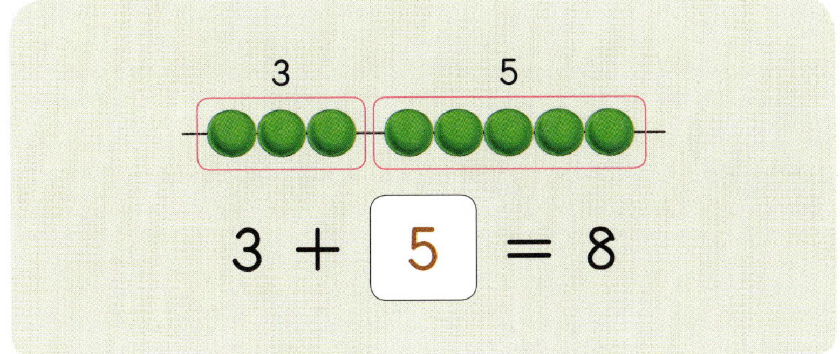

3 + 5 = 8

3

5

3 + [5] = 8

2 + ☐ = 5

3 + ☐ = 7

l + ☐ = 8

l + ☐ = 4

3 + ☐ = 9

2 + ☐ = 6

2 + ☐ = 7

l + ☐ = 9

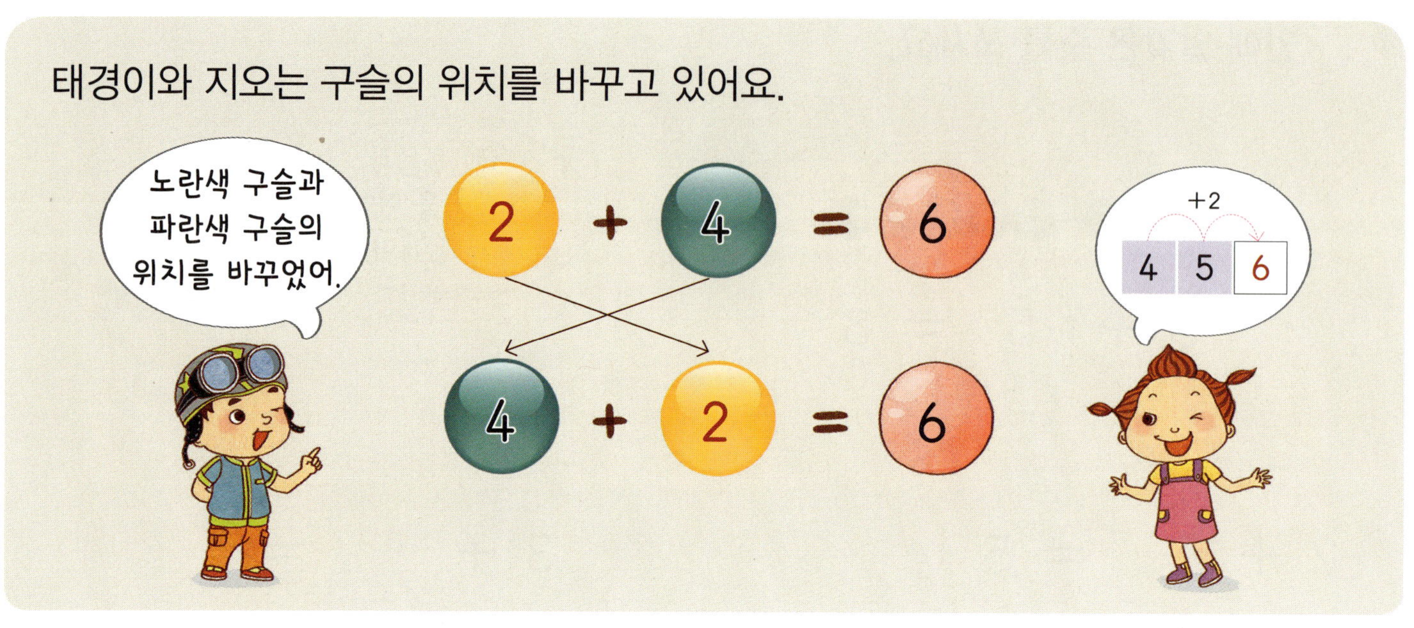

🌳 그림을 보고 빈 곳에 알맞은 수를 쓰세요.

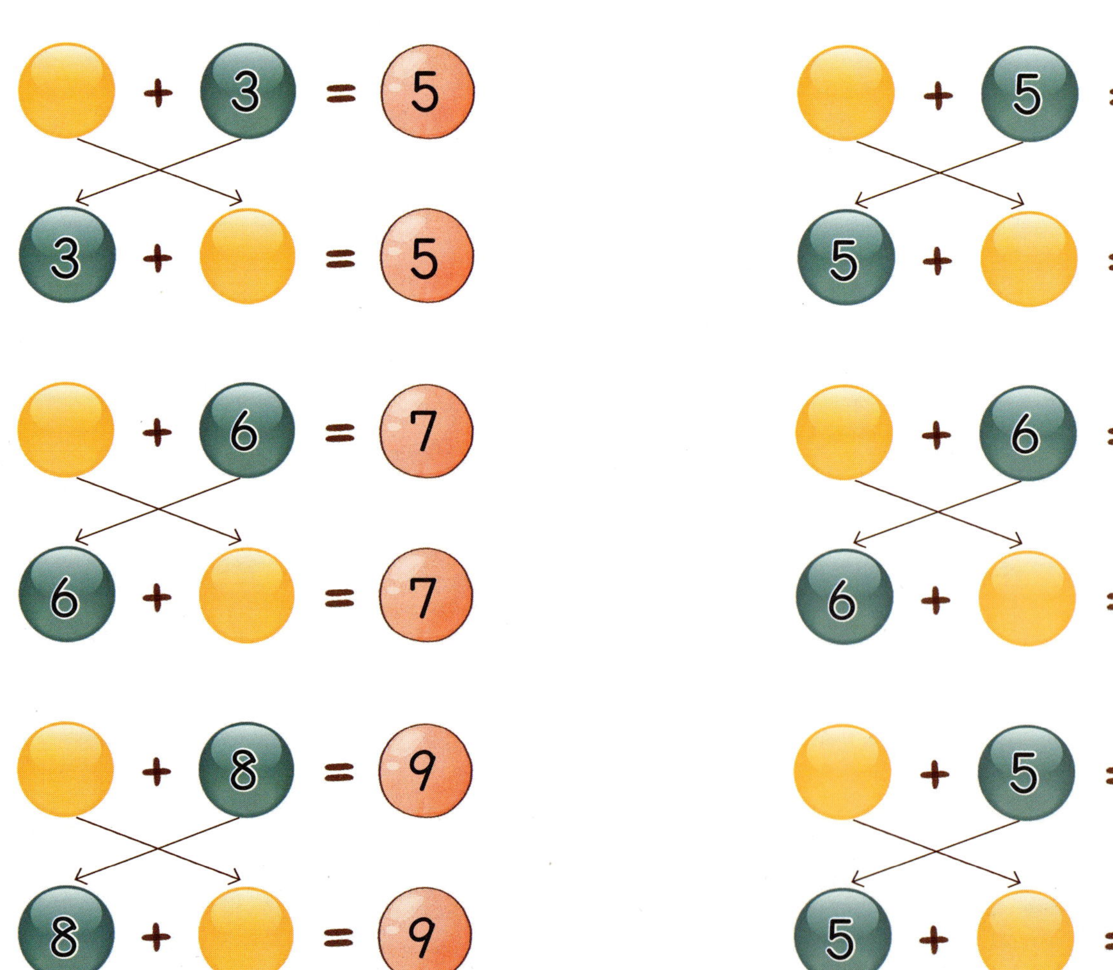

🌳 ☐ 안에 알맞은 수를 쓰세요.

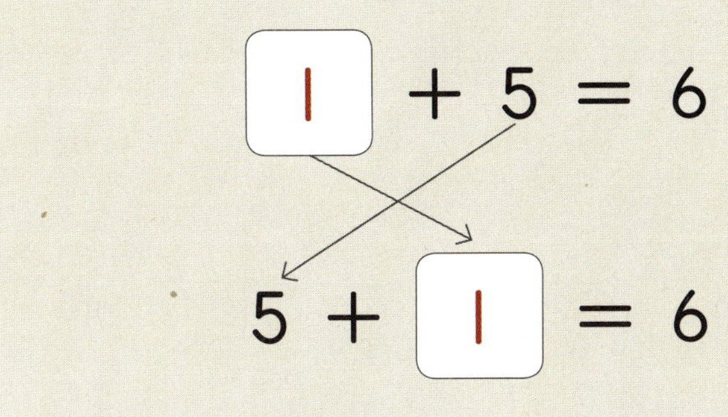

$$\boxed{1} + 5 = 6$$

$$5 + \boxed{1} = 6$$

$$\boxed{} + 2 = 3 \qquad \boxed{} + 5 = 8$$

$$\boxed{} + 6 = 8 \qquad \boxed{} + 4 = 6$$

$$\boxed{} + 6 = 9 \qquad \boxed{} + 3 = 5$$

$$\boxed{} + 5 = 7 \qquad \boxed{} + 7 = 8$$

공부한 날
월
일

두 수 더하기

풍선에 여러 가지 수가 쓰여 있어요.

🌳 울타리에 연결되어 있는 두 풍선의 수를 더하여 ☐ 안에 알맞은 수를 쓰세요.

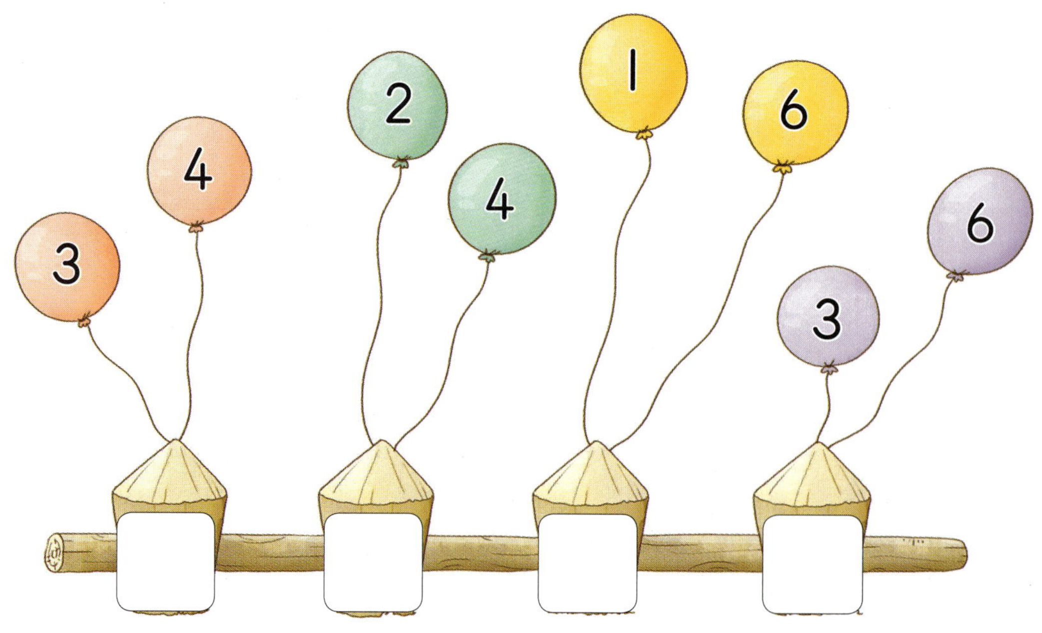

🌱 **덧셈을 하세요.**

$$2 + 3 = \boxed{5}$$

$2 + 6 = \boxed{}$

$2 + 1 = \boxed{}$

$2 + 5 = \boxed{}$

$3 + 3 = \boxed{}$

$1 + 4 = \boxed{}$

$1 + 7 = \boxed{}$

$2 + 7 = \boxed{}$

$3 + 4 = \boxed{}$

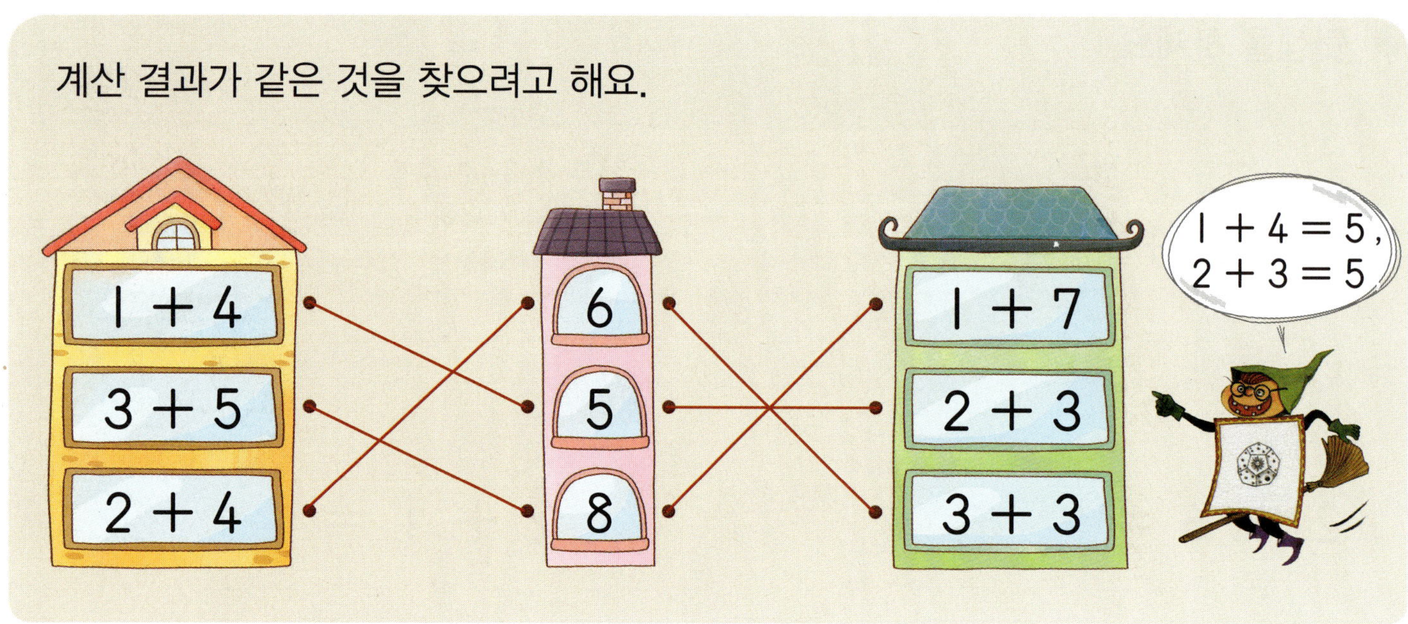

계산 결과가 같은 것끼리 선으로 이으세요.

$2 + 7 = \boxed{9}$

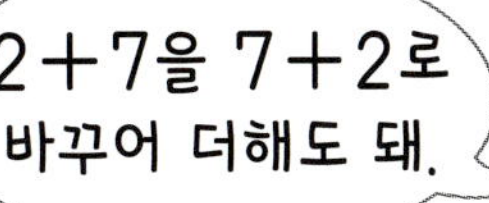

$1 + 2 = \boxed{}$

$1 + 3 = \boxed{}$

$4 + 4 = \boxed{}$

$2 + 4 = \boxed{}$

$4 + 5 = \boxed{}$

$3 + 4 = \boxed{}$

$3 + 3 = \boxed{}$

$1 + 8 = \boxed{}$

무엇을 배웠을까요

🌲 덧셈을 하세요.

$$3 + 2 = \boxed{}$$

$$2 + 3 = \boxed{}$$

$$5 + 3 = \boxed{}$$

$$3 + 5 = \boxed{}$$

🌲 큰 수에 ◯표 한 다음, 덧셈을 하세요.

$$3 + 6 = \boxed{}$$

$$2 + 5 = \boxed{}$$

🌲 그림을 보고 빈 곳에 알맞은 수를 쓰세요.

$$\bigcirc + 6 = 9$$

$$6 + \bigcirc = 9$$

$$\bigcirc + 5 = 7$$

$$5 + \bigcirc = 7$$

🌲 가로 방향과 세로 방향으로 두 수를 각각 더하여 ☐ 안에 알맞은 수를 쓰세요.

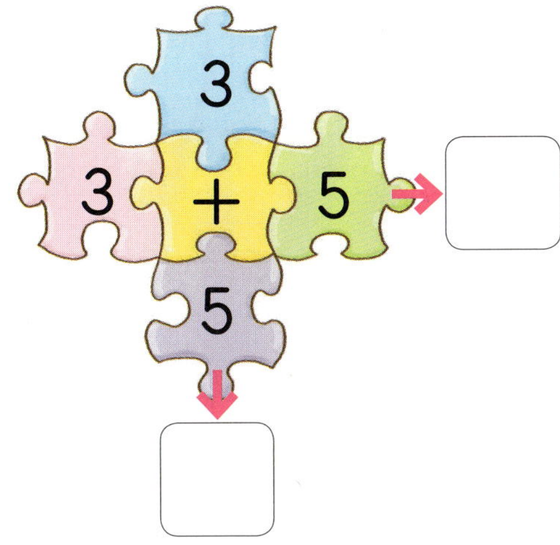

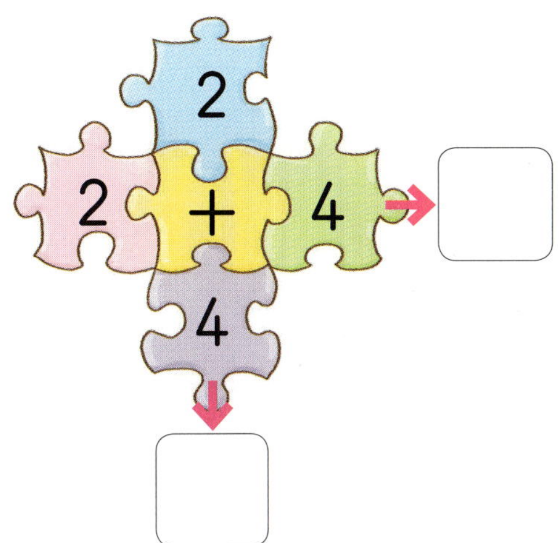

🌲 ☐ 안에 알맞은 수를 쓰세요.

$$☐ + 6 = 8$$

$$2 + ☐ = 5$$

🌲 계산 결과가 같은 것끼리 선으로 이으세요.

연산력 게임

QR코드를 찍으면 다양한 연산 게임을 할 수 있어요.

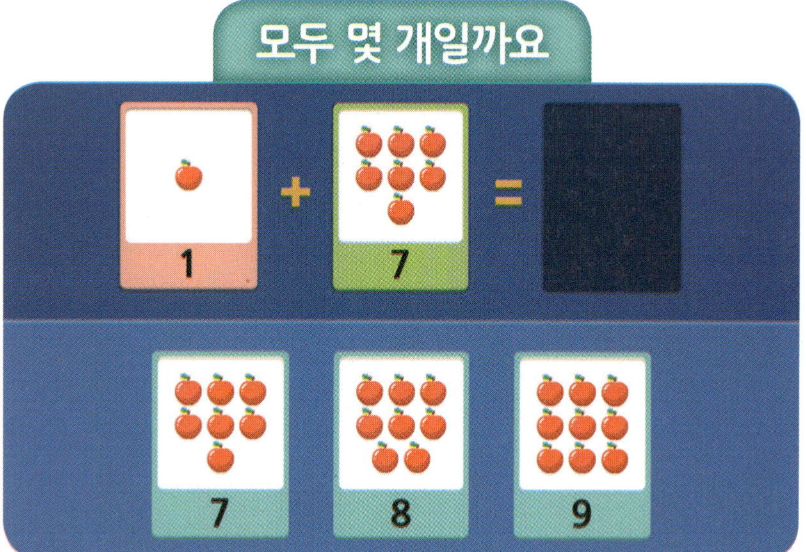

사과의 수는 모두 몇 개일까요?

그림을 보고 모두 몇 개인지 아래쪽에서 알맞은 수를 골라 손가락으로 끌어서 넣으세요.
8을 넣으면 정답입니다.

두 수의 합을 구해 볼까요?

아래쪽에서 공에 쓰여 있는 두 수의 합을 골라 손가락으로 눌러 주세요.
6을 누르면 정답입니다.

빼기

▶ 연산 보충 학습(106~107쪽)에서 더 풀어 보세요.

학부모 지도 가이드

'7−4'와 같이 한 자리 수의 뺄셈을 공부합니다. 물건과 그림의 수를 세거나 거꾸로 뛰어 세어 뺄셈하는 방법을 배우게 됩니다.

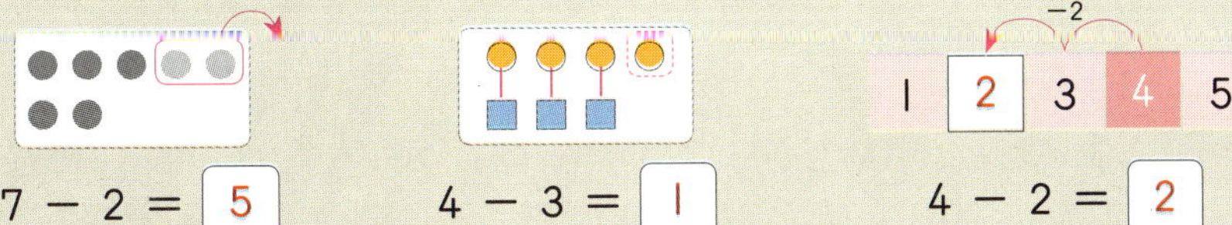

주어진 상황에서 남아 있는 수를 구하거나 비교하여 하나씩 짝을 지어 보는 과정에서 아이들이 뺄셈을 한다는 것을 이해하고 문제를 해결할 수 있게 지도합니다.

151 그림 보고 빼기

🌳 연못에 남아 있는 오리가 몇 마리인지 ☐ 안에 알맞은 수를 쓰세요.

$$5 - 1 = \boxed{}$$

$$8 - 2 = \boxed{}$$

$$7 - 3 = \boxed{}$$

$$6 - 5 = \boxed{}$$

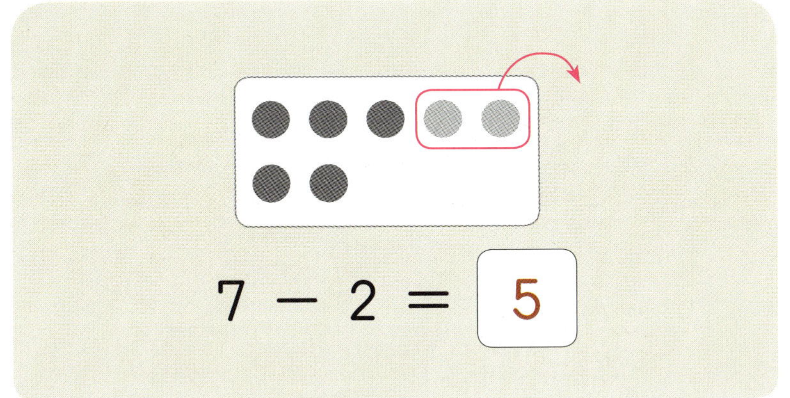

$$7 - 2 = \boxed{5}$$

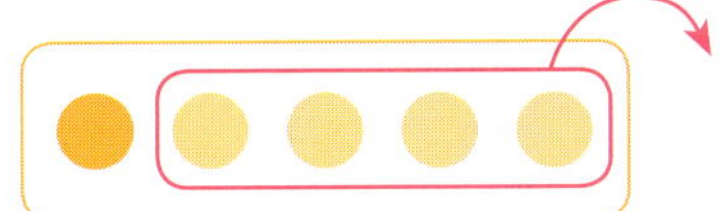

$$5 - 4 = \boxed{}$$

$$6 - 3 = \boxed{}$$

$$4 - 1 = \boxed{}$$

$$5 - 2 = \boxed{}$$

$$8 - 3 = \boxed{}$$

$$9 - 1 = \boxed{}$$

🌳 빨간색 꽃이 노란색 꽃보다 몇 송이 더 많은지 ☐ 안에 알맞은 수를 쓰세요.

$$4 - 2 = \boxed{}$$

$$7 - 1 = \boxed{}$$

$$5 - 4 = \boxed{}$$

$$6 - 3 = \boxed{}$$

🌳 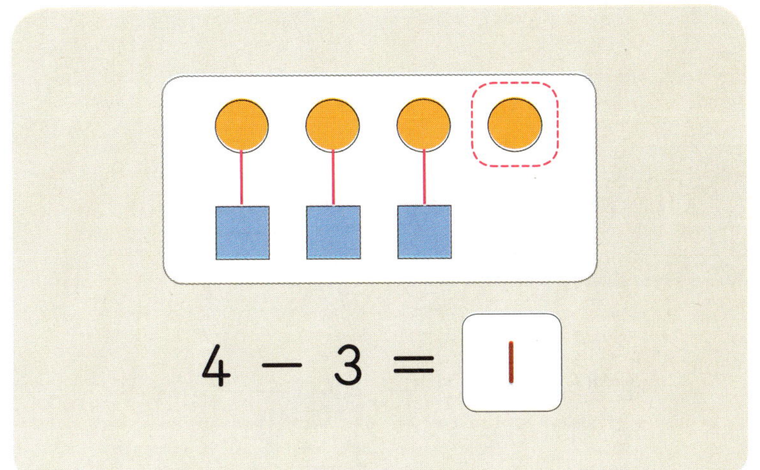가 ⬜ 보다 몇 개 더 많은지 ⬜ 안에 알맞은 수를 쓰세요.

$$4 - 3 = 1$$

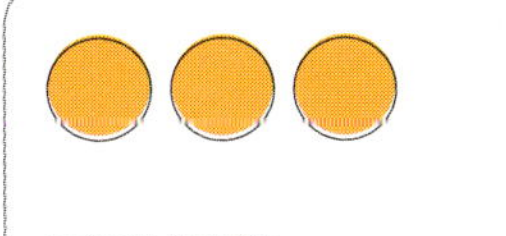

$$3 - 2 = \boxed{}$$

$$4 - 1 = \boxed{}$$

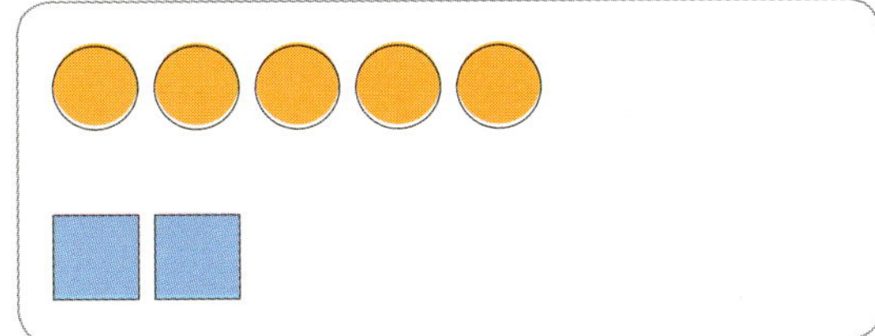

$$5 - 2 = \boxed{}$$

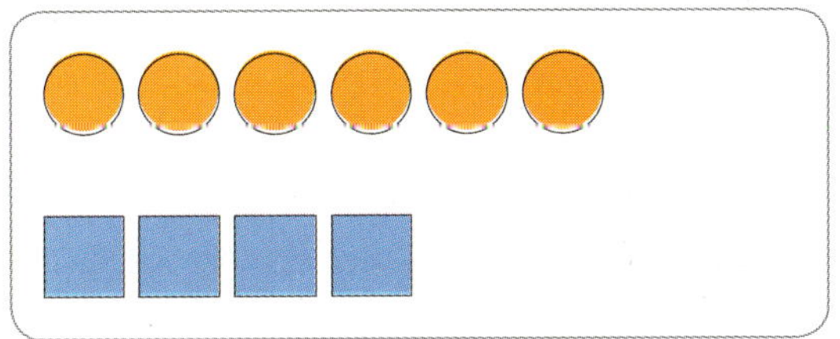

$$6 - 4 = \boxed{}$$

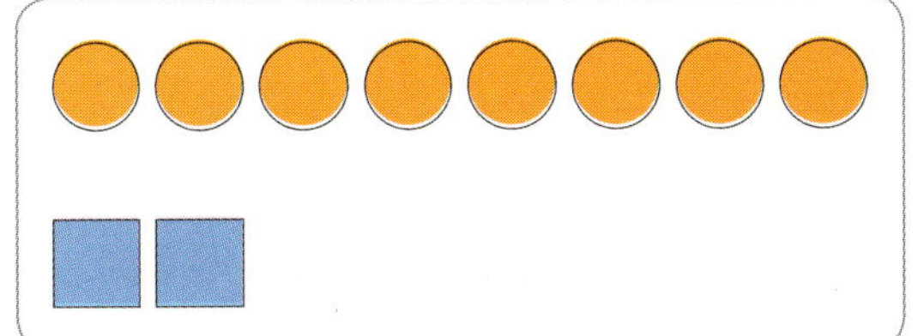

$$8 - 2 = \boxed{}$$

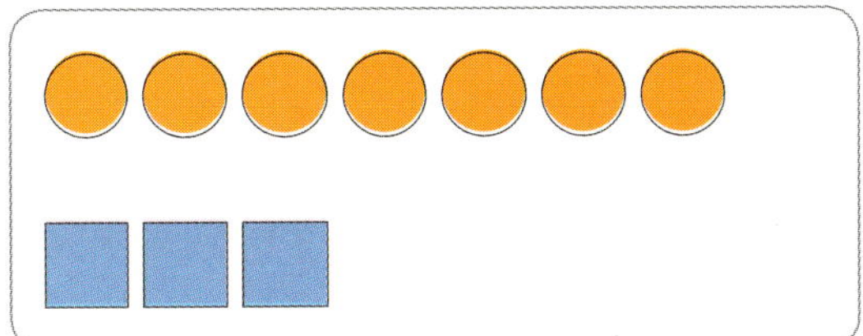

$$7 - 3 = \boxed{}$$

거꾸로 뛰어서 빼기

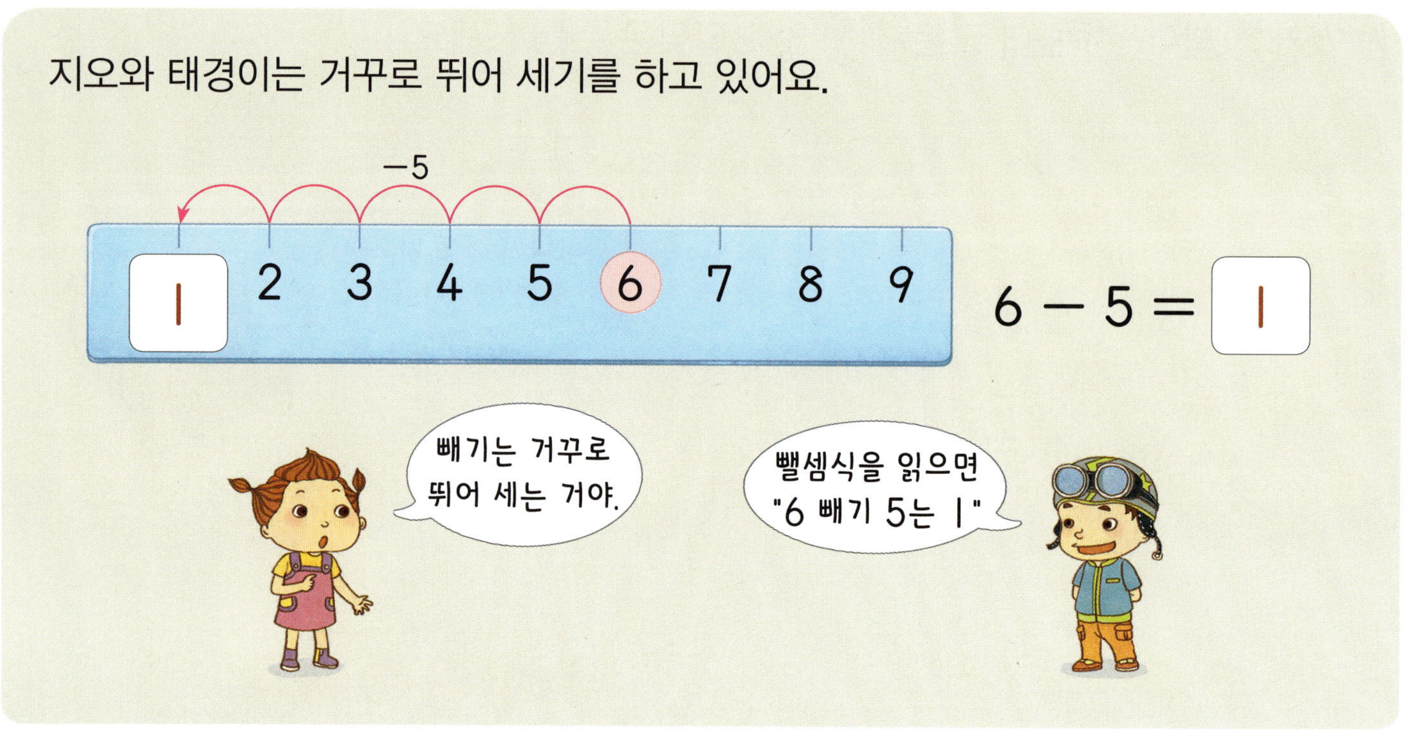

🌳 빈칸에 알맞은 수를 쓰고 뺄셈을 하세요.

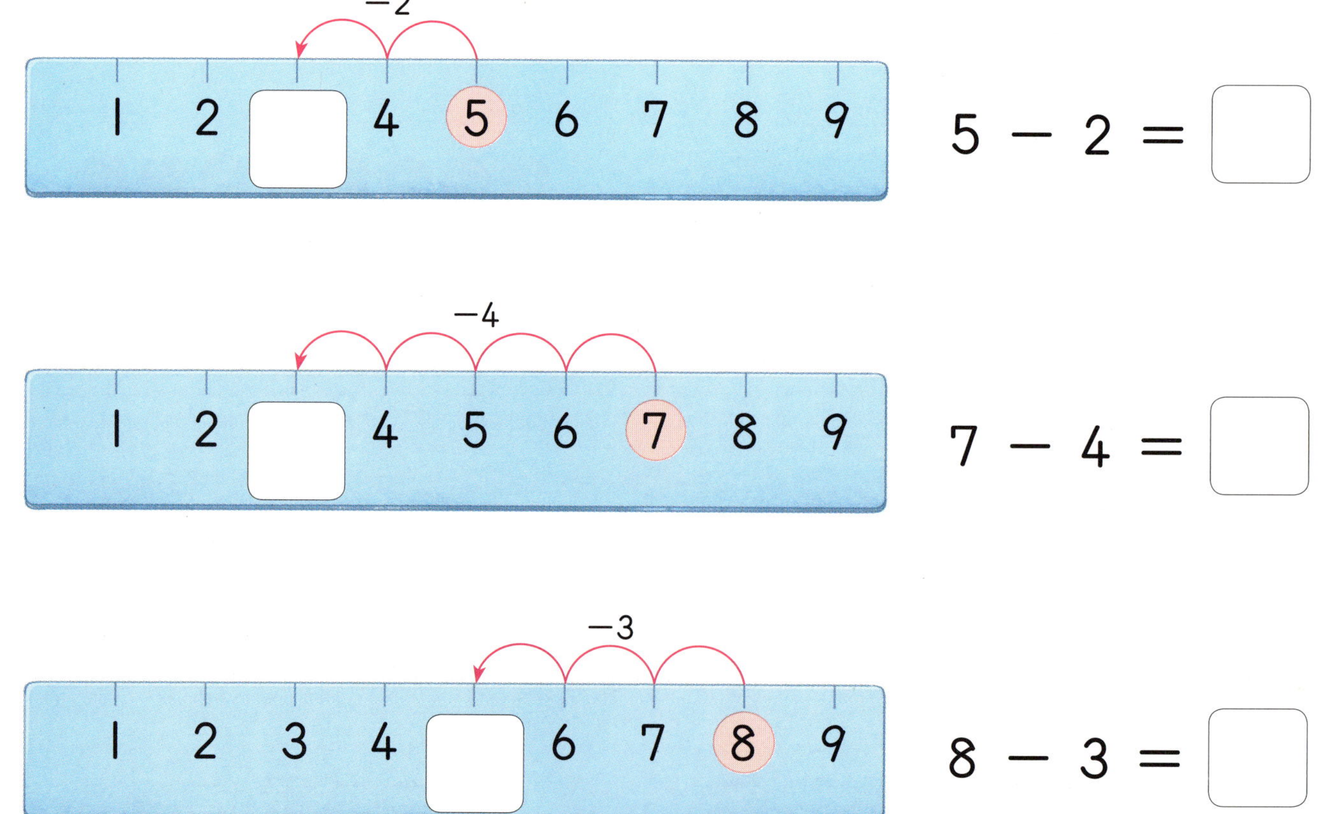

빈칸에 알맞은 수를 쓰고 뺄셈을 하세요.

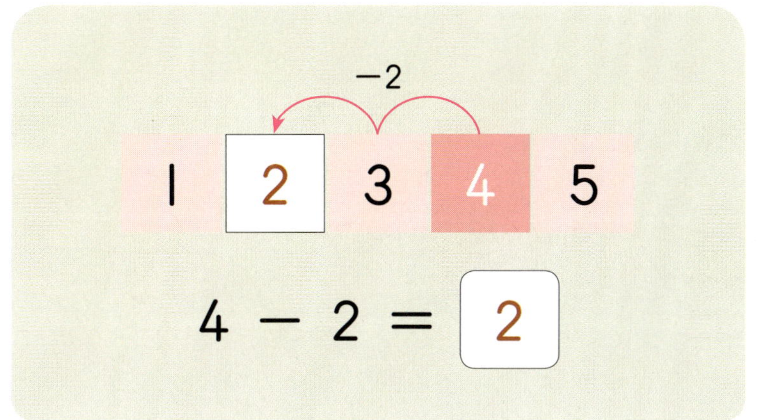

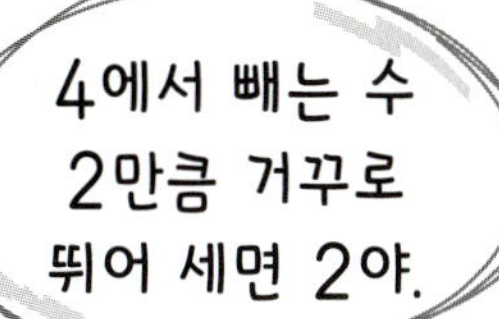

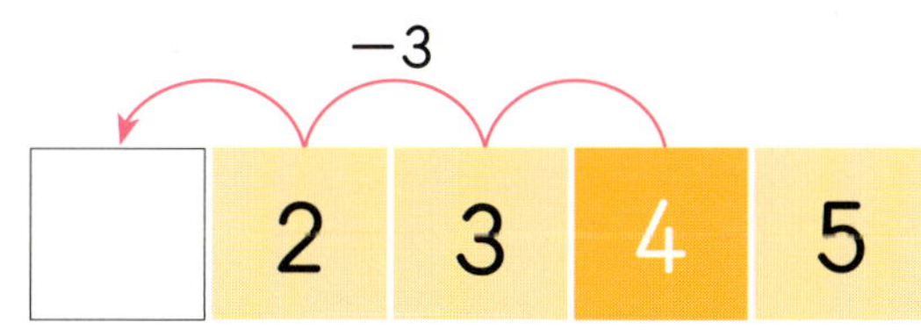

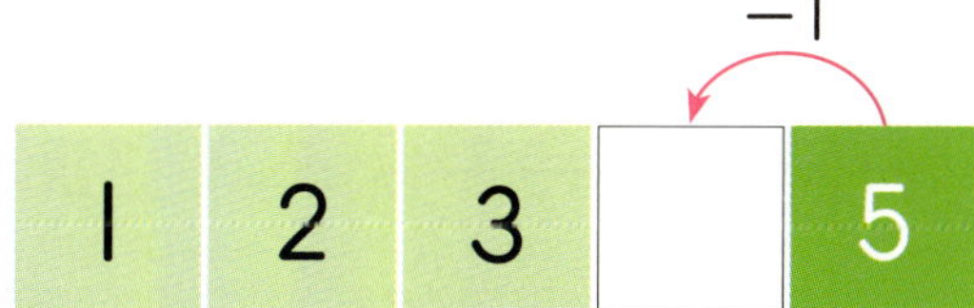

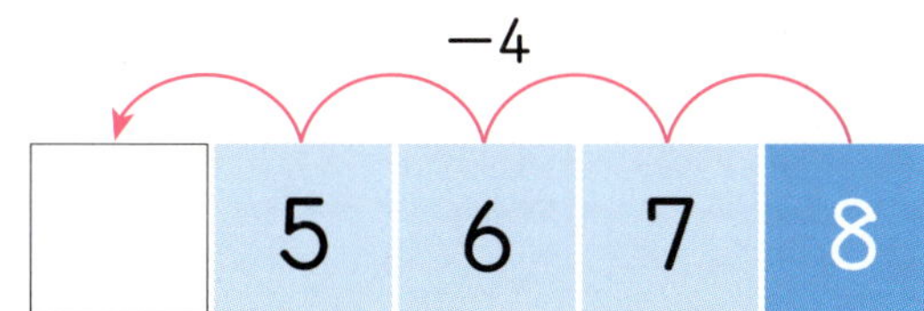

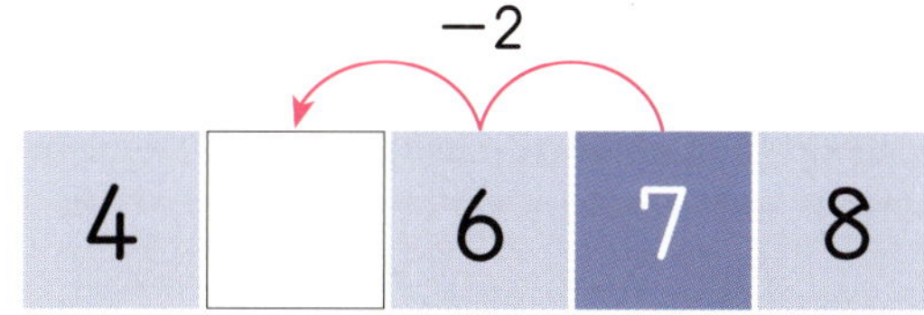

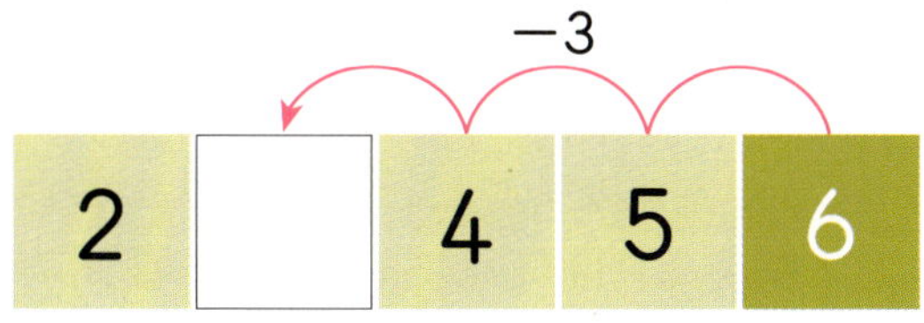

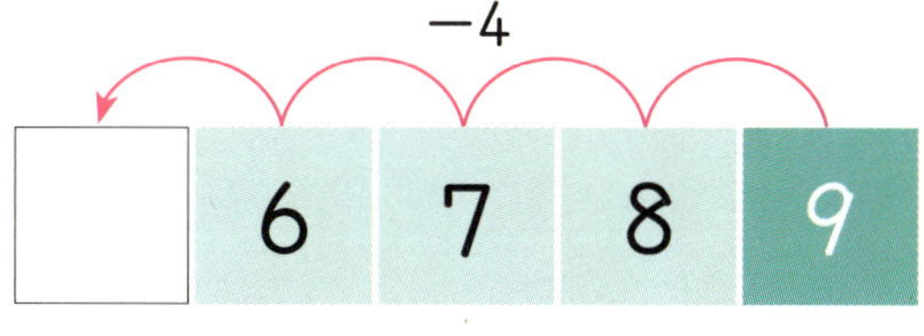

개구리가 징검다리를 건너고 있어요.

징검다리를
거꾸로 한 칸씩
건너면서 빼.

−4
3
4
5
6
7

7에서 거꾸로
4칸 뛰면
3이야.

$7 - 4 = 3$

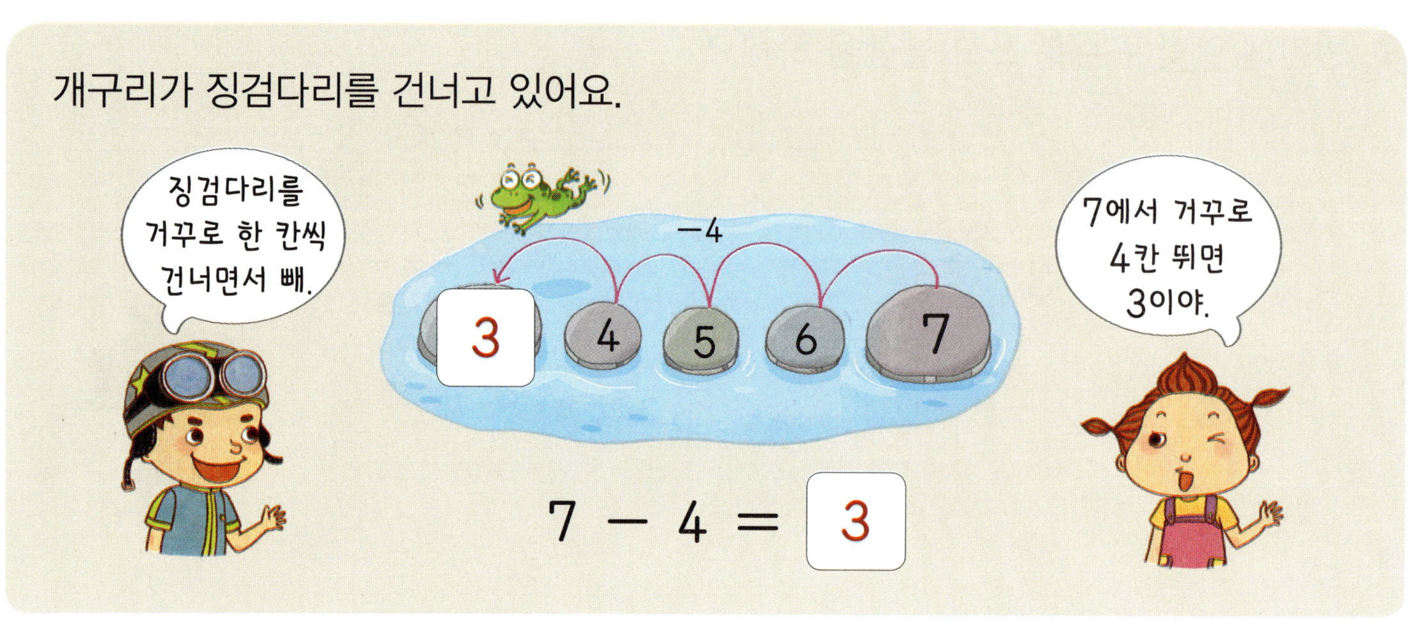

빈칸에 알맞은 수를 쓰고 뺄셈을 하세요.

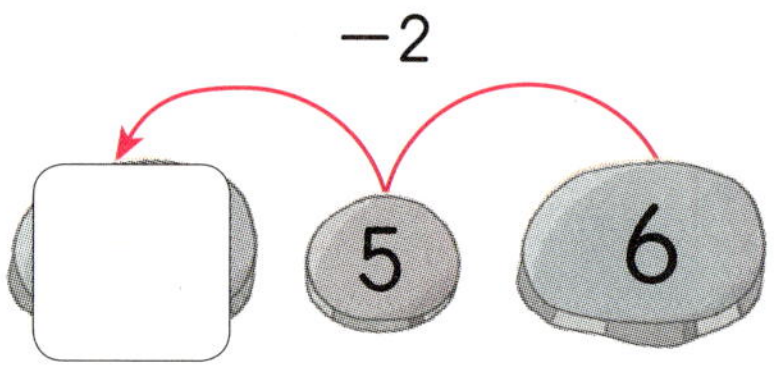
−2
5
6

$6 - 2 = \square$

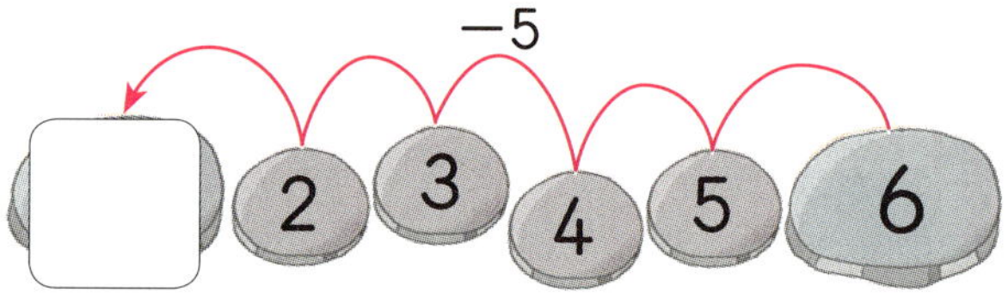
−5
2
3
4
5
6

$6 - 5 = \square$

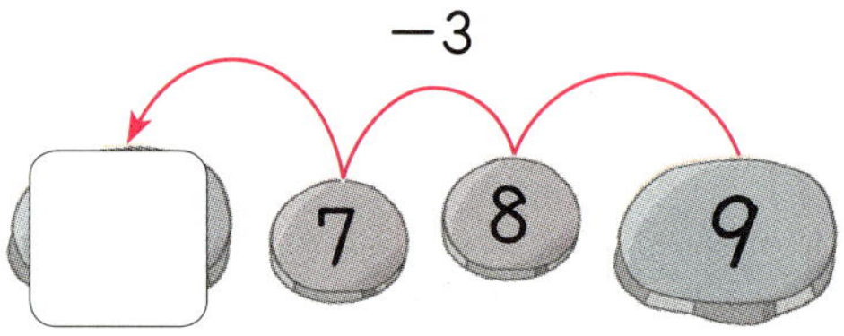
−3
7
8
9

$9 - 3 = \square$

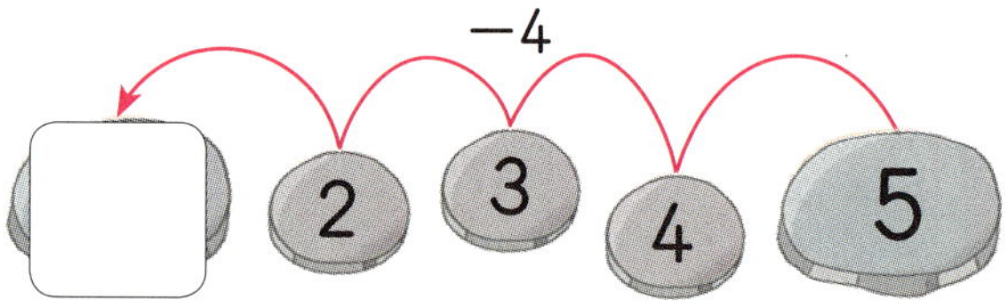
−4
2
3
4
5

$5 - 4 = \square$

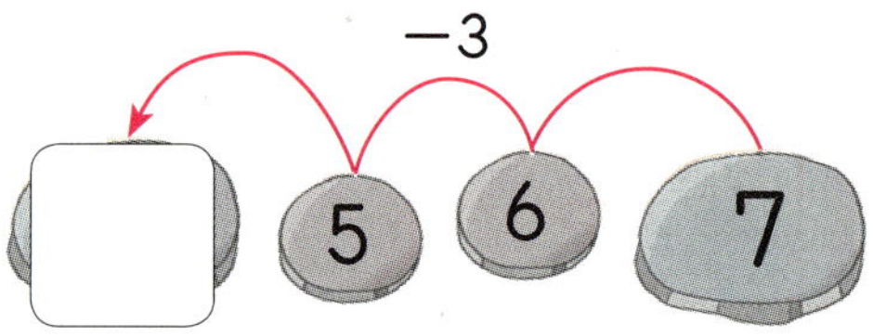
−3
5
6
7

$7 - 3 = \square$

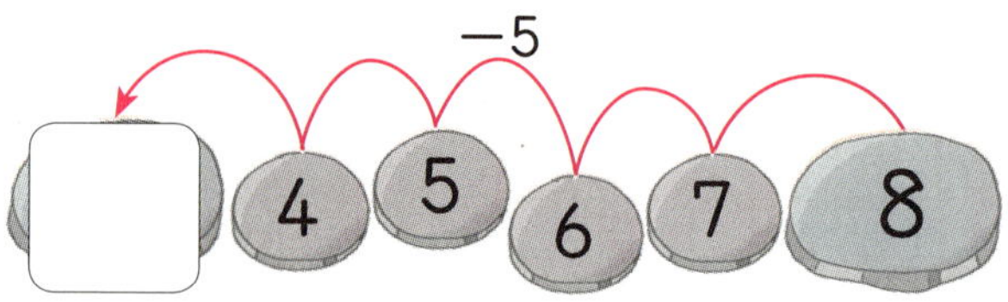
−5
4
5
6
7
8

$8 - 5 = \square$

🌳 빨셈을 하세요.

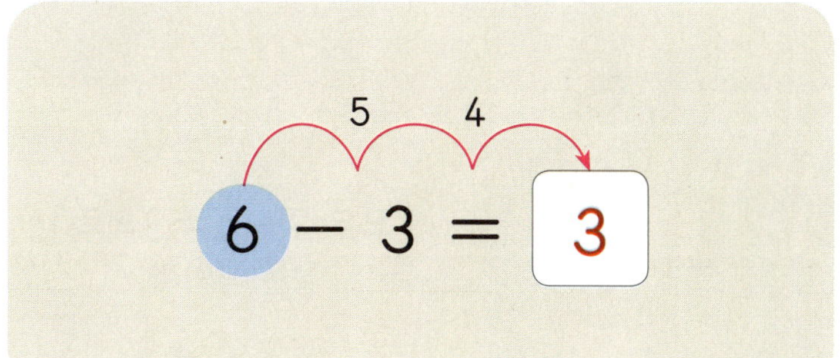

2 − 1 = ☐

4 − 2 = ☐

6 − 2 = ☐

7 − 6 = ☐

5 − 3 = ☐

9 − 1 = ☐

8 − 6 = ☐

7 − 2 = ☐

가로셈과 세로셈

나뭇잎에 뺄셈식이 적혀 있어요.

🌱 가로셈과 세로셈을 하여 ☐ 안에 알맞은 수를 쓰세요.

2
－ 1
☐

2 － 1 ＝ ☐

5
－ 2
☐

5 － 2 ＝ ☐

8
－ 5
☐

8 － 5 ＝ ☐

9
－ 3
☐

9 － 3 ＝ ☐

● 가로셈과 세로셈을 하여 ☐ 안에 알맞은 수를 쓰세요.

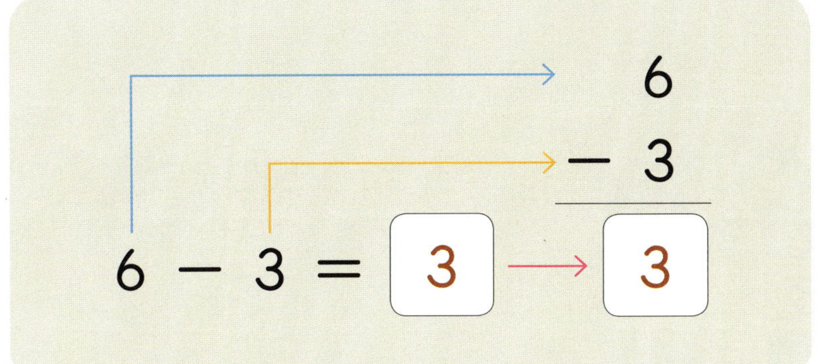

$$6 - 3 = \boxed{3} \rightarrow \boxed{3}$$

$$\begin{array}{r} 4 \\ -\ 3 \\ \hline \end{array}$$

$4 - 3 = \boxed{}$ $\boxed{}$

$$\begin{array}{r} 6 \\ -\ 2 \\ \hline \end{array}$$

$6 - 2 = \boxed{}$ $\boxed{}$

$$\begin{array}{r} 9 \\ -\ 1 \\ \hline \end{array}$$

$9 - 1 = \boxed{}$ $\boxed{}$

$$\begin{array}{r} 8 \\ -\ 6 \\ \hline \end{array}$$

$8 - 6 = \boxed{}$ $\boxed{}$

$$\begin{array}{r} 7 \\ -\ 5 \\ \hline \end{array}$$

$7 - 5 = \boxed{}$ $\boxed{}$

$$\begin{array}{r} 6 \\ -\ 1 \\ \hline \end{array}$$

$6 - 1 = \boxed{}$ $\boxed{}$

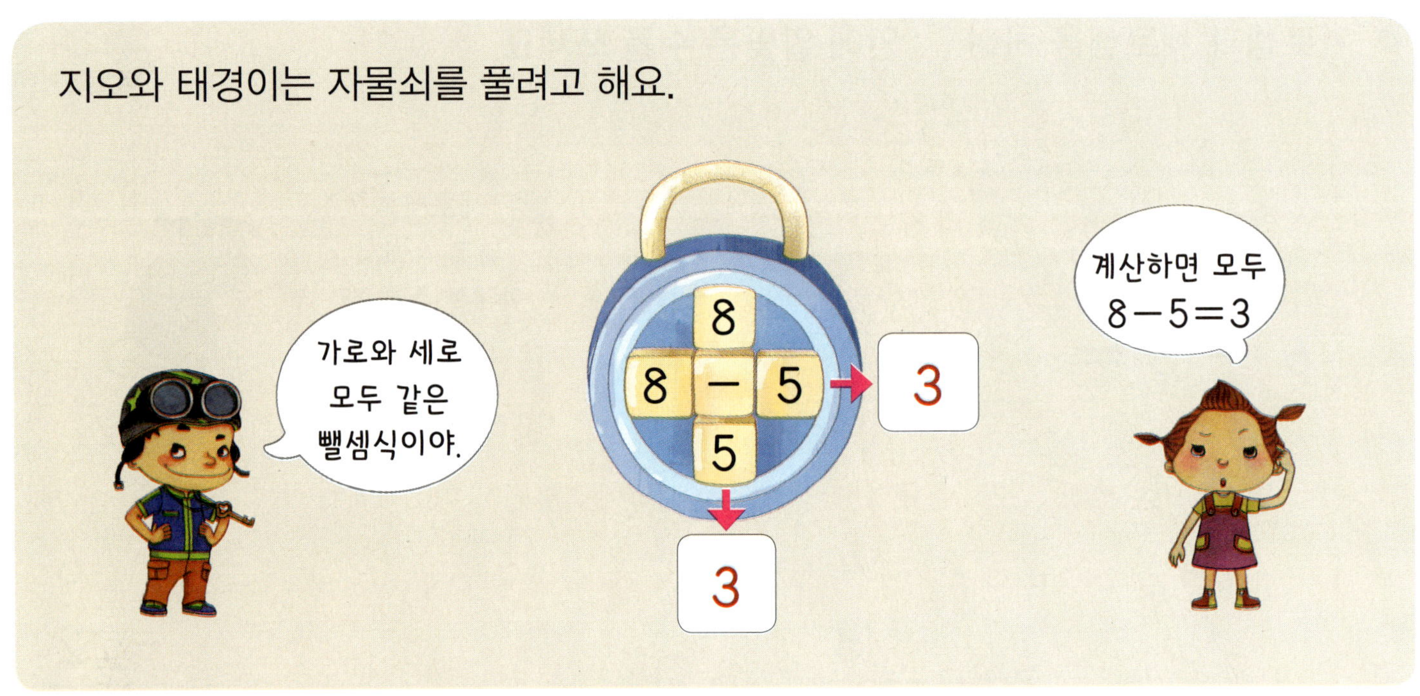

🌳 가로 방향과 세로 방향으로 각각 뺄셈을 하여 ☐ 안에 알맞은 수를 쓰세요.

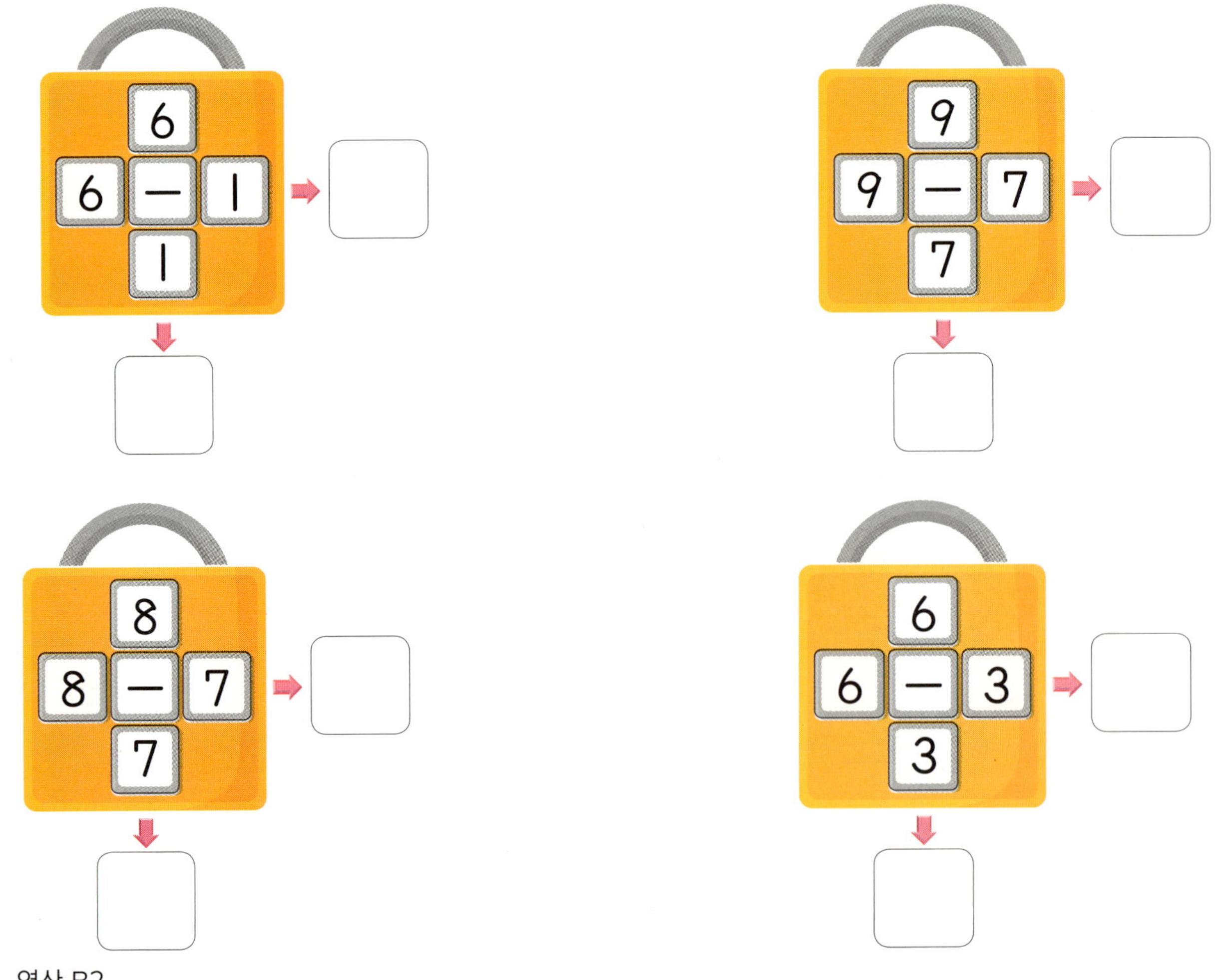

🌳 뺄셈을 하세요.

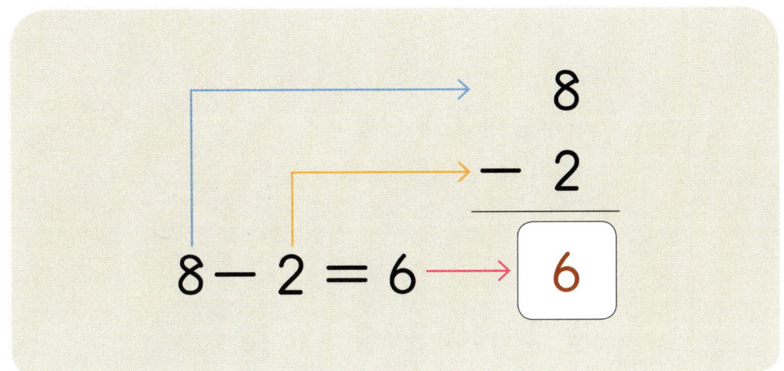

4 − 1	7 − 6	4 − 2
9 − 4	5 − 3	8 − 4
6 − 4	9 − 8	7 − 4

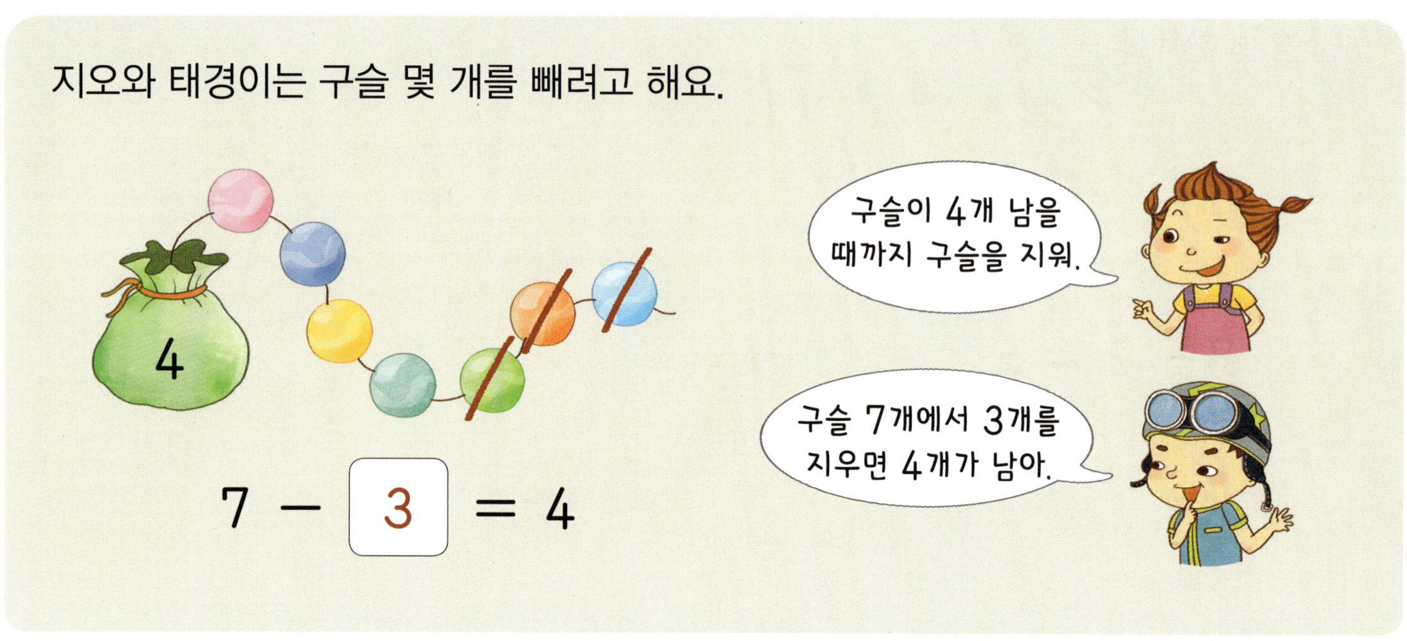

🌳 주머니에 적힌 수만큼 구슬이 남도록 /로 지우고, ☐ 안에 알맞은 수를 쓰세요.

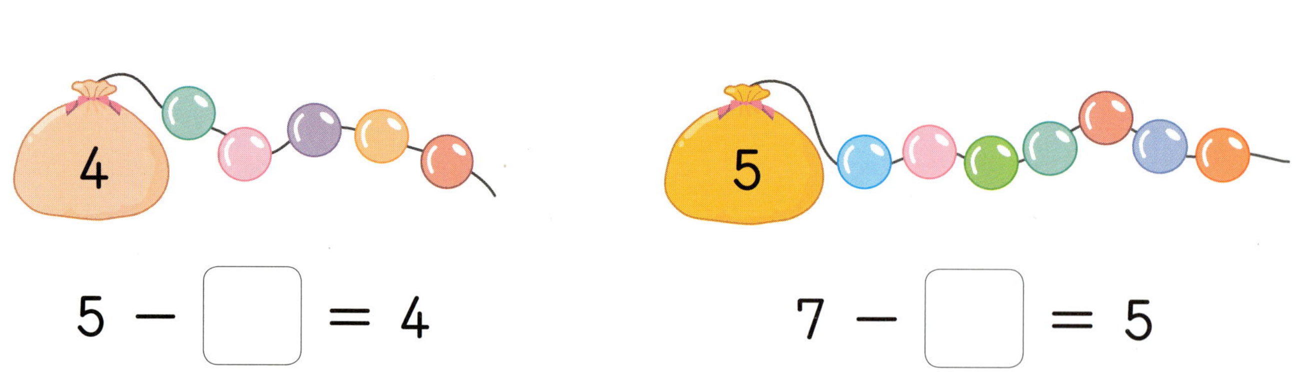

$$6 - \boxed{4} = 2$$

$3 - \boxed{} = 1$

$5 - \boxed{} = 2$

$8 - \boxed{} = 7$

$7 - \boxed{} = 3$

$9 - \boxed{} = 3$

$6 - \boxed{} = 1$

$7 - \boxed{} = 6$

$9 - \boxed{} = 7$

개구리가 연잎 위를 거꾸로 뛰려고 해요.

☐ 안에 알맞은 수를 쓰세요.

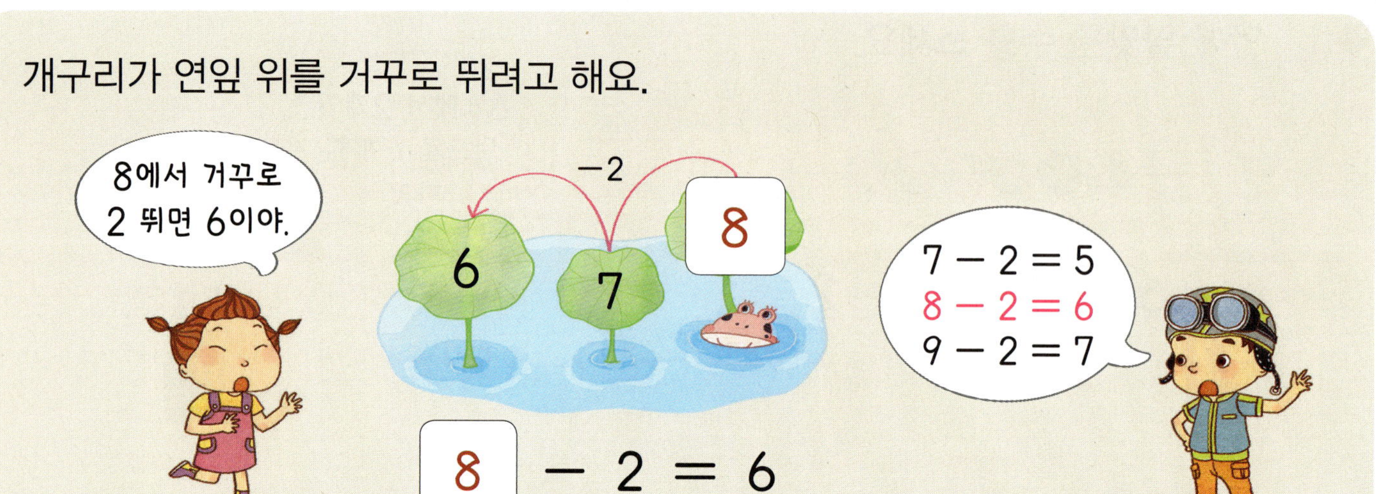

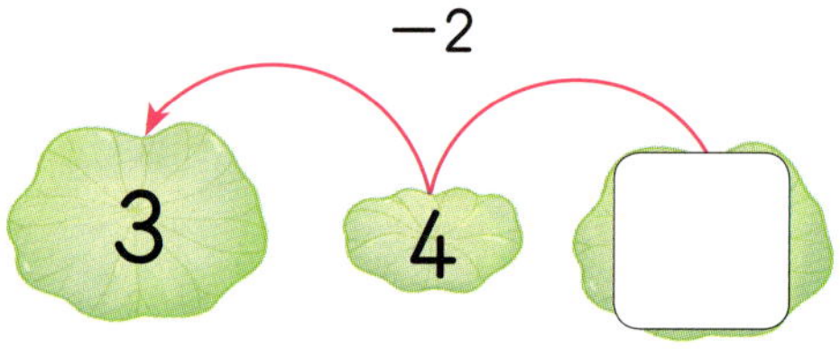

☐ − 2 = 3

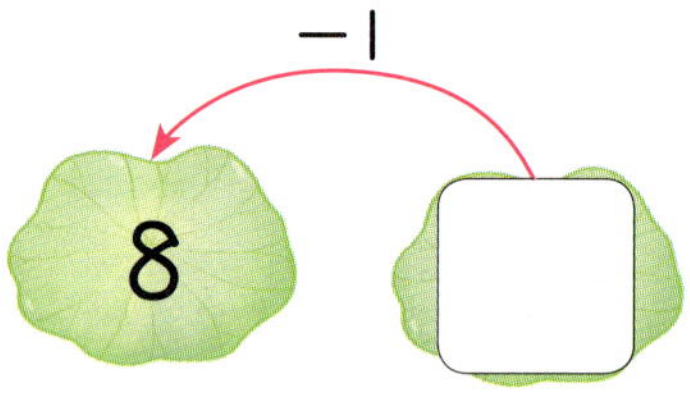

☐ − 1 = 8

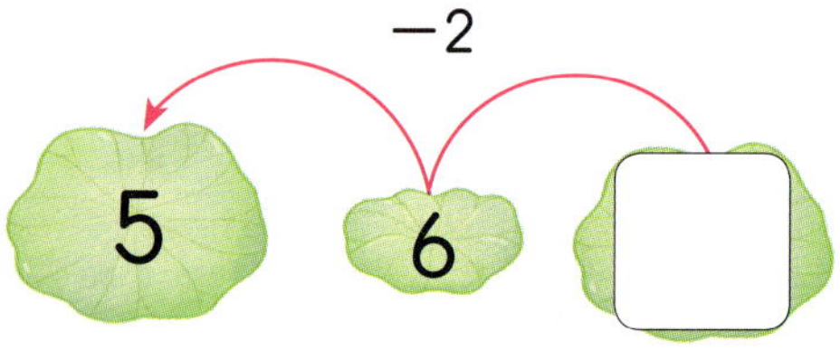

☐ − 2 = 5

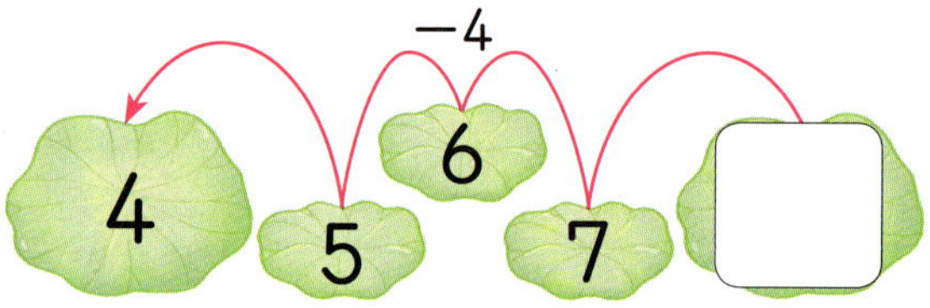

☐ − 4 = 4

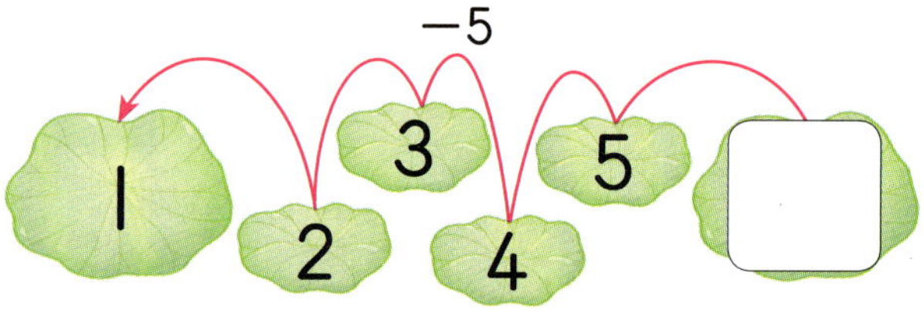

☐ − 5 = 1

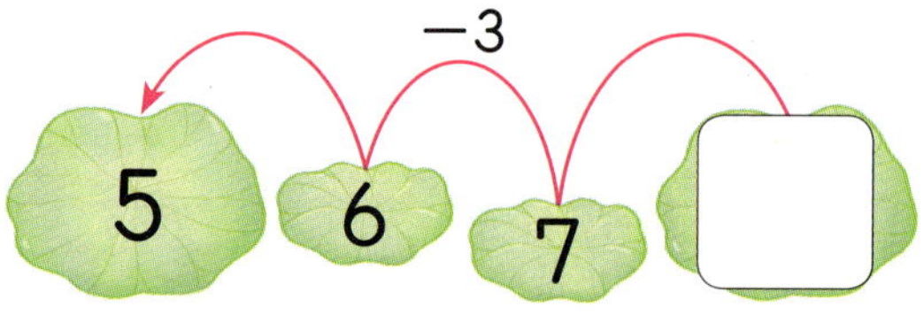

☐ − 3 = 5

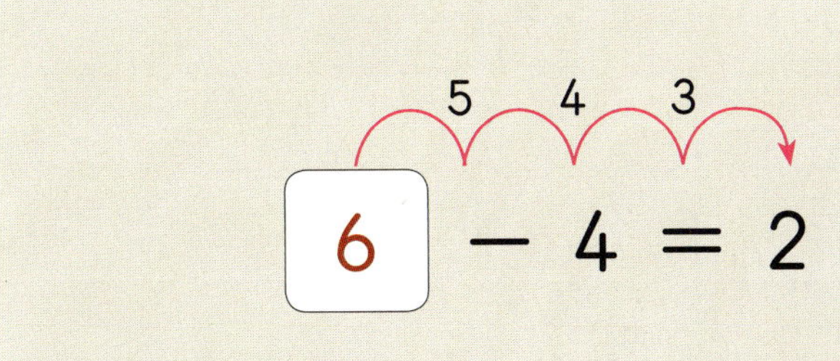

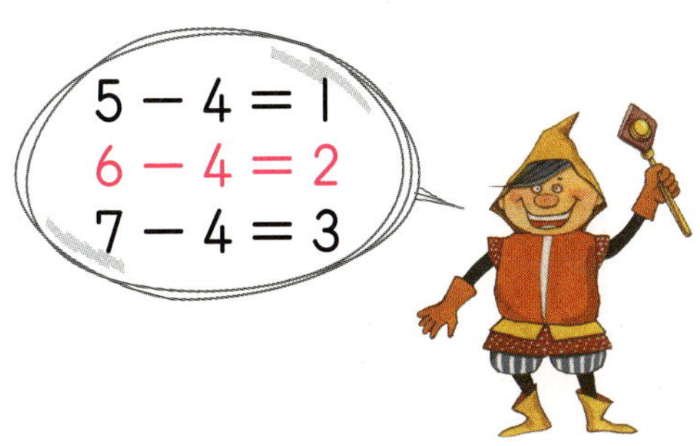

☐ − 2 = 4   ☐ − 4 = 3

☐ − 4 = 1   ☐ − 1 = 7

☐ − 5 = 2   ☐ − 6 = 1

☐ − 2 = 6   ☐ − 3 = 2

뺄셈표

🌳 빈칸에 알맞은 수를 써넣어 뺄셈표를 완성하세요.

−	2	3	4
6	4 (6−2)	3 (6−3)	2 (6−4)

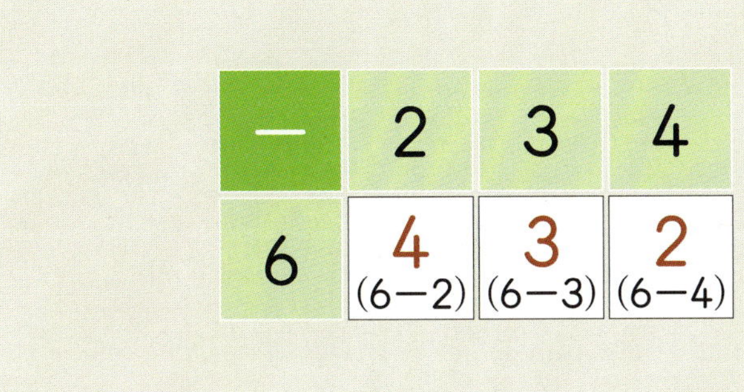

−	2	3	4
5			

−	3	4	5
6			

−	4	5	6
8			

−	5	6	7
9			

−	5	6	7
8			

−	6	7	8
9			

강아지가 뺄셈표를 완성하며 집을 찾고 있어요.

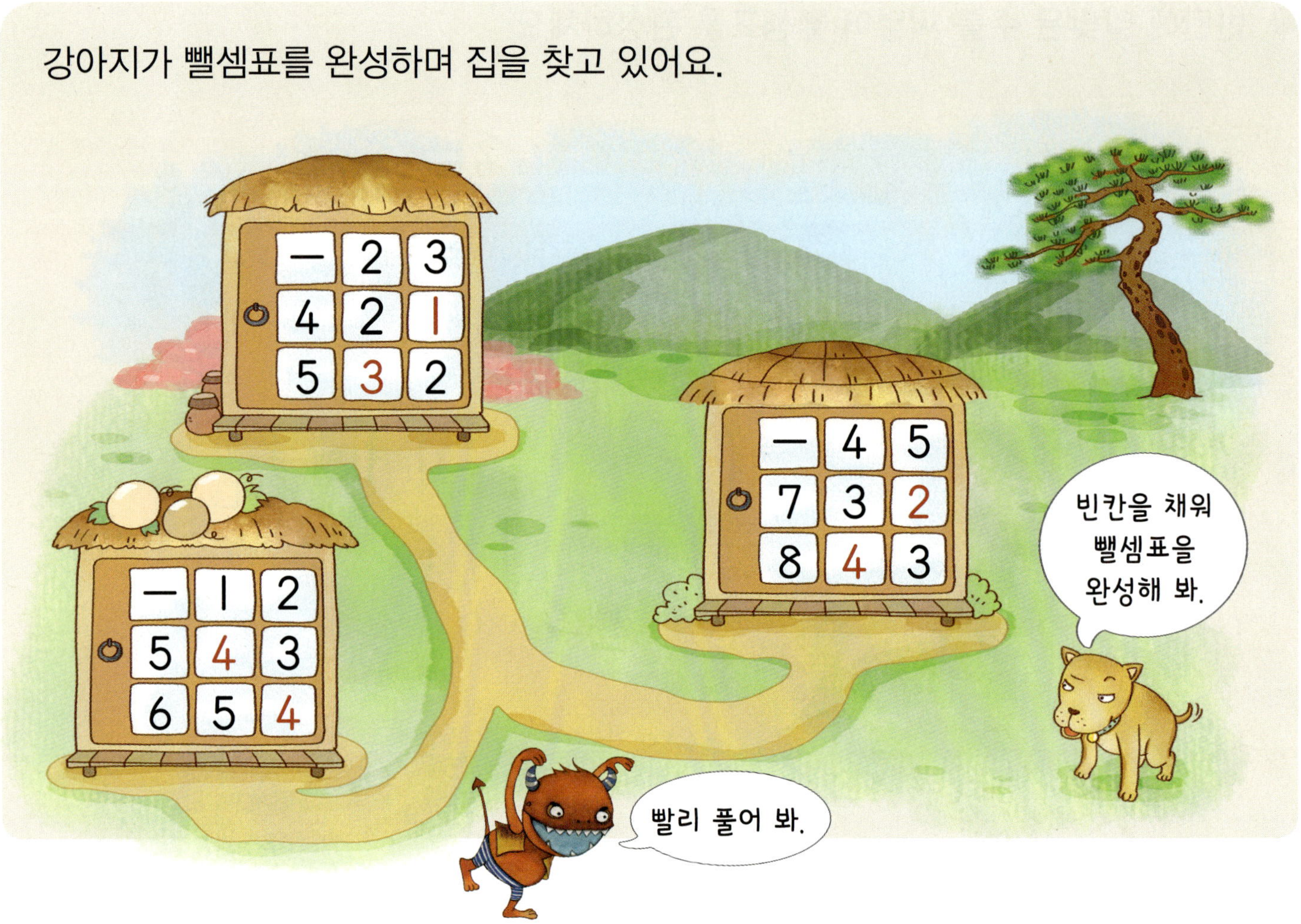

빈칸에 알맞은 수를 써넣어 뺄셈표를 완성하세요.

−	1	3
4		
7		

−	2	4
8		
9		

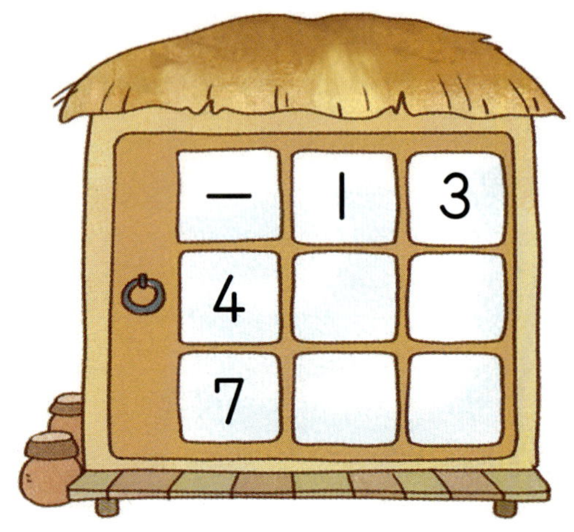

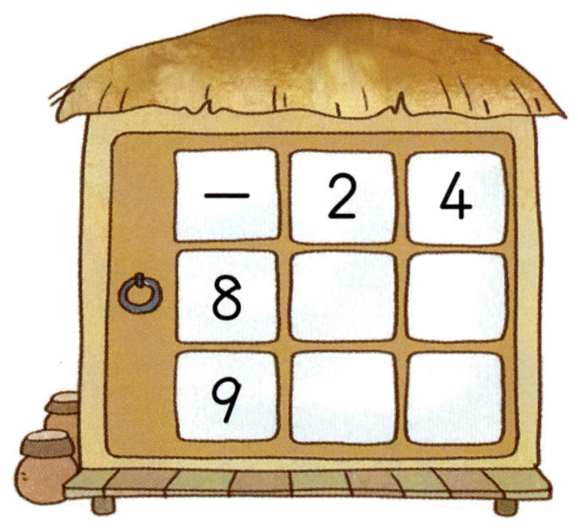

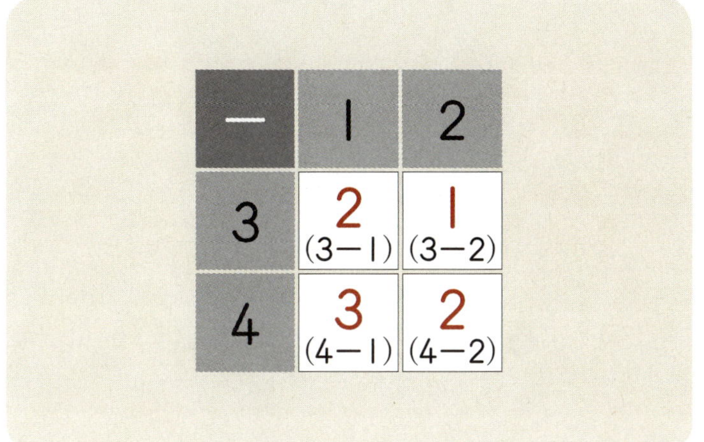

−	2	3
4		
5		

−	1	2
6		
7		

−	1	2
8		
9		

−	3	4
6		
7		

−	2	3
5		
6		

−	5	6
7		
8		

무엇을 배웠을까요

▲ 빨간색 꽃이 노란색 꽃보다 몇 송이 더 많은지 ☐ 안에 알맞은 수를 쓰세요.

$$5 - 3 = \boxed{}$$

$$6 - 2 = \boxed{}$$

▲ 빈칸에 알맞은 수를 쓰고 뺄셈을 하세요.

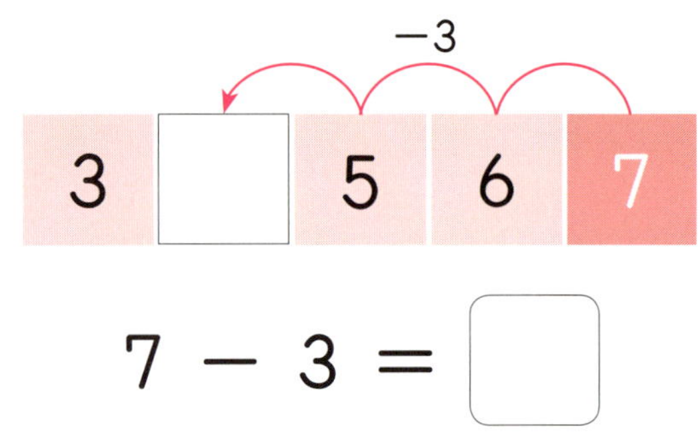

$$7 - 3 = \boxed{}$$

$$8 - 2 = \boxed{}$$

▲ 뺄셈을 하세요.

$$
\begin{array}{r}
4 \\
-\ 1 \\
\hline
\end{array}
$$

$$4 - 1 = \boxed{} \qquad \boxed{}$$

$$
\begin{array}{r}
7 \\
-\ 6 \\
\hline
\end{array}
$$

$$7 - 6 = \boxed{} \qquad \boxed{}$$

🌲 가로 방향과 세로 방향으로 각각 뺄셈을 하여 ☐ 안에 알맞은 수를 쓰세요.

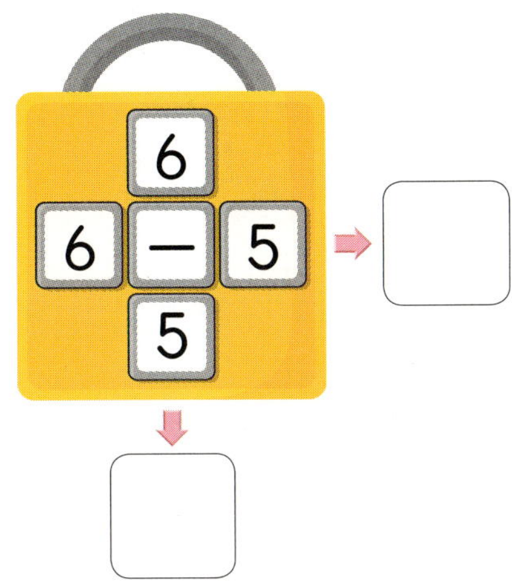

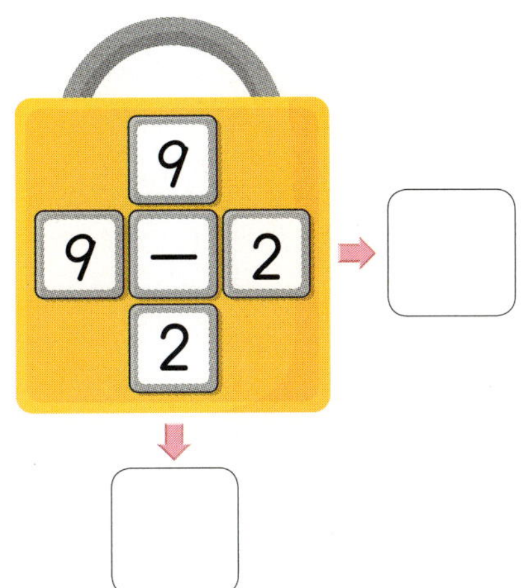

🌲 ☐ 안에 알맞은 수를 쓰세요.

$$8 - \boxed{} = 6$$

$$\boxed{} - 5 = 4$$

🌲 빈칸에 알맞은 수를 써넣어 뺄셈표를 완성하세요.

−	2	3
7		
6		

−	4	3
5		
8		

연산력 게임

점프하는 개구리 왕자

빈 곳에 들어갈 수는 무엇일까요?

뺄셈을 하여 아래쪽에서 빈 곳에 들어갈 알맞은 수를 골라 손가락으로 끌어서 넣으세요.
l을 넣으면 정답입니다.

메모장에 들어갈 수는 무엇일까요?

뺄셈을 하여 오른쪽의 키패드로 알맞은 수를 누른 뒤 확인 버튼을 눌러 주세요.
3을 누르고 확인 버튼을 누르면 정답입니다.

나도 뺄셈왕

더하기와 빼기

▶ 연산 보충 학습(108쪽)에서 더 풀어 보세요.

학부모 지도 가이드

'4+3'이나 '6−4'와 같이 한 자리 수의 덧셈과 뺄셈을 공부합니다.

아이들이 덧셈과 뺄셈의 개념을 학습하고 이를 식으로 나타내고 읽을 수 있게 합니다.

$$3+6 \quad \begin{matrix} 7 \\ 8 \\ 9 \end{matrix}$$

$$2+1 = 3 \qquad 1+6 = 7$$

$$6-3 = 3 \qquad 7-6 = 1$$

또한 주어진 상황에서 아이들이 덧셈이나 뺄셈이 필요한 상황임을 이해하고 덧셈식이나 뺄셈식을 만들어 문제를 해결할 수 있게 지도합니다.

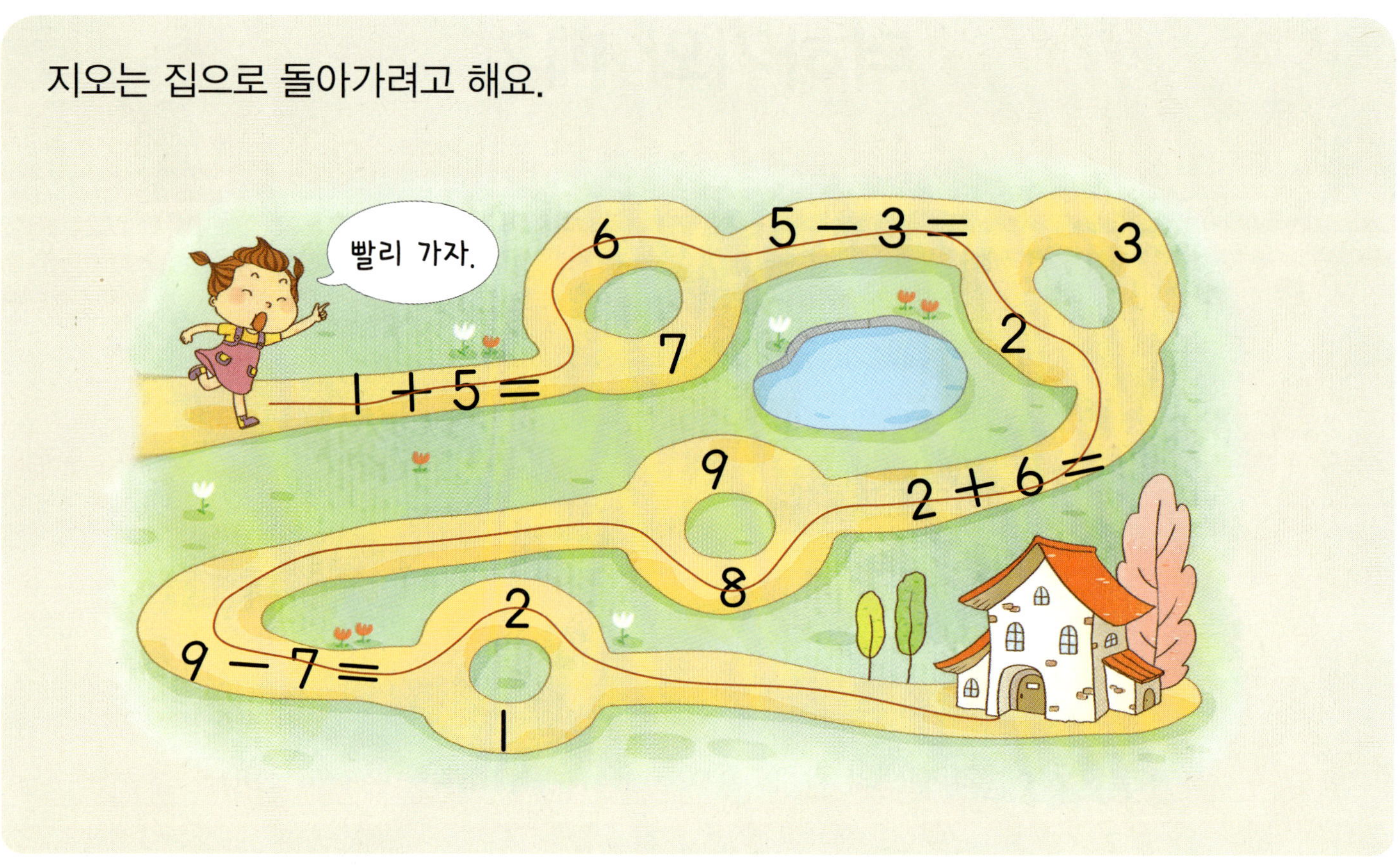

🌳 갈림길에서 덧셈과 뺄셈의 올바른 답을 찾아 선을 그으세요.

계산 결과가 올바른 것을 찾아 선으로 이으세요.

7
3 + 6 =
8
9

바꾸어 더하면
6 + 3 = 9
길이 3개네.
1+2+3+
… +97+98
+100

5
4 + 1 =
6
7

1
7 − 5 =
2
3

4
3 + 3 =
5
6

3
8 − 5 =
4
5

지오와 태경이는 요리를 하려고 해요.

올바른 식이 완성되도록 선으로 이으세요.

올바른 식이 완성되도록 선으로 이으세요.

더하기와 빼기

태경이와 지오는 풍선의 개수를 알아보려고 해요.

$2+1=$ 3

$6-3=$ 3

🌳 그림을 보고 덧셈과 뺄셈을 하세요.

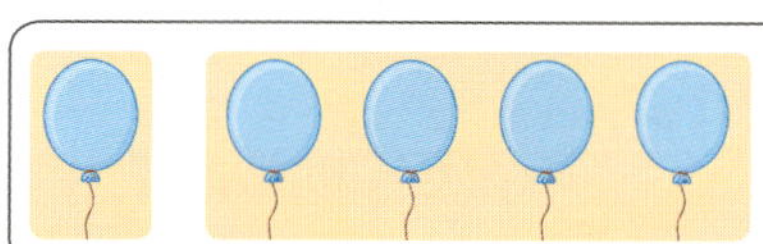

$1 + 4 =$ ☐

$8 - 3 =$ ☐

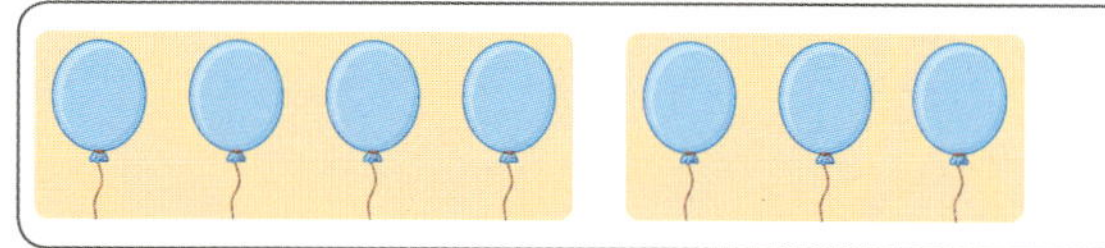

$4 + 3 =$ ☐

$9 - 2 =$ ☐

$2 + 2 =$ ☐

$8 - 4 =$ ☐

$3 + 1 = 4$

$6 - 2 = 4$

$1 + 1 = \boxed{}$

$7 - 5 = \boxed{}$

$4 + 1 = \boxed{}$

$9 - 4 = \boxed{}$

$2 + 5 = \boxed{}$

$8 - 1 = \boxed{}$

$2 + 4 = \boxed{}$

$9 - 3 = \boxed{}$

$1 + 3 = \boxed{}$

$7 - 3 = \boxed{}$

$4 + 4 = \boxed{}$

$9 - 1 = \boxed{}$

집의 유리창에 덧셈식과 뺄셈식이 적혀 있어요.

🌳 덧셈과 뺄셈을 하여 지붕에 있는 수가 나오는 식 2개를 찾아 ◯표 하세요.

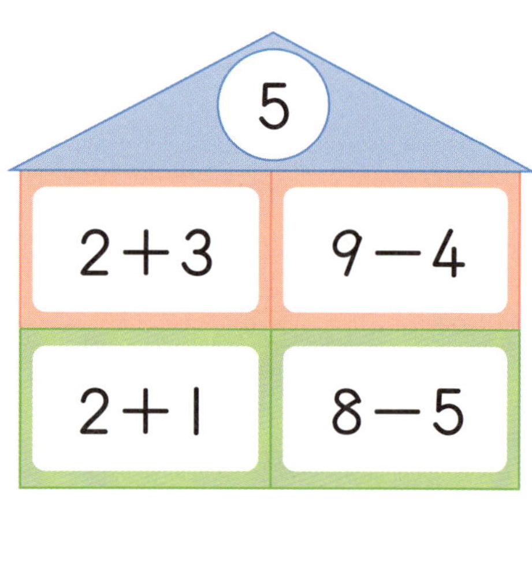

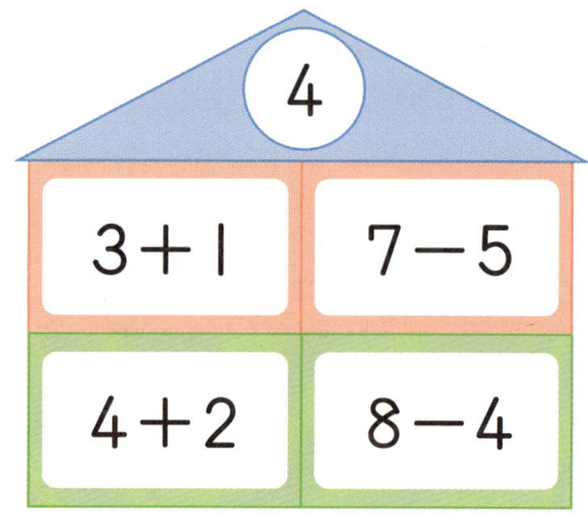

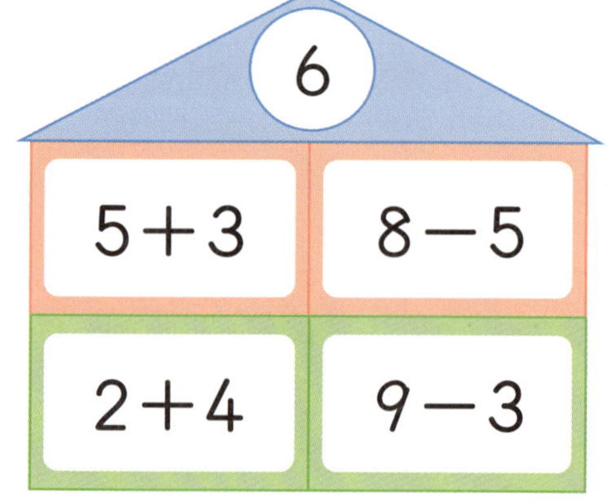

● 덧셈과 뺄셈을 하세요.

$4 + 3 = \boxed{7}$

$8 - 2 = \boxed{6}$

$3 + 3 = \boxed{}$

$4 - 2 = \boxed{}$

$2 + 6 = \boxed{}$

$6 - 3 = \boxed{}$

$1 + 4 = \boxed{}$

$9 - 8 = \boxed{}$

$7 + 2 = \boxed{}$

$8 - 2 = \boxed{}$

158 ＋와 －

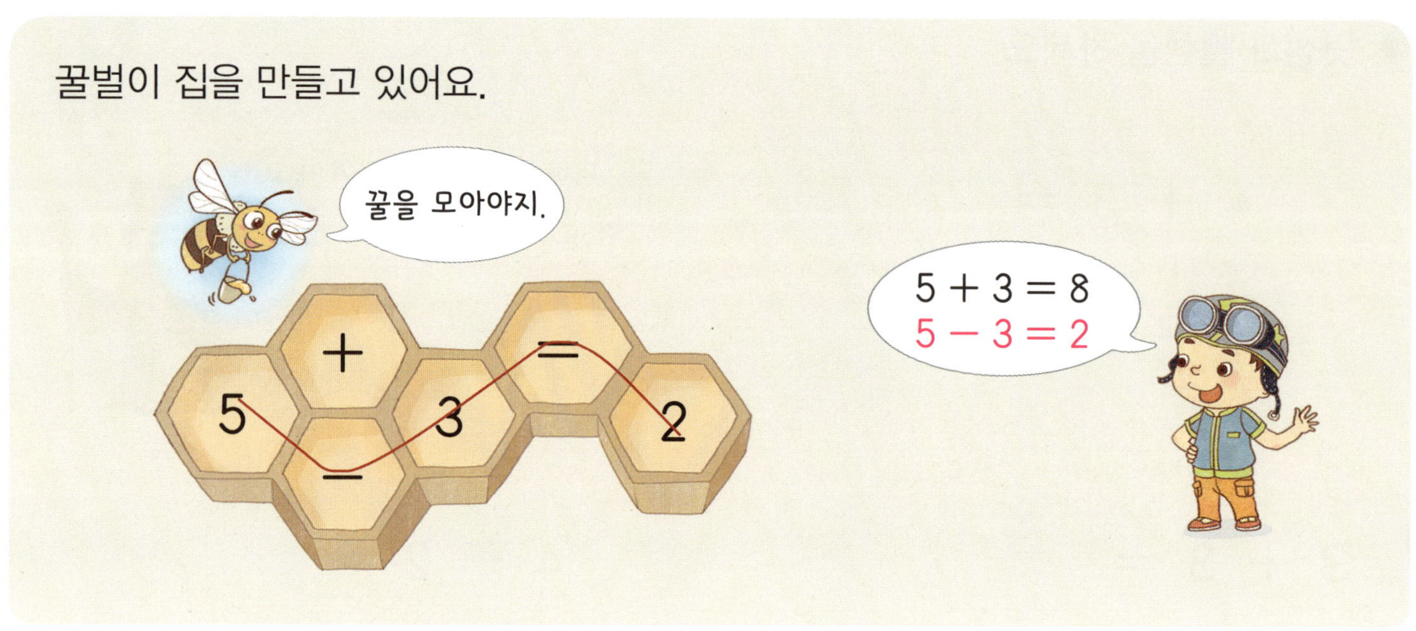

🌲 올바른 식이 되도록 선을 그으세요.

$$5 \;+\; 4 = 9$$

$$5 \;\bigcirc\; 2 = 7$$

$$7 \;\bigcirc\; 1 = 6$$

$$4 \;\bigcirc\; 3 = 1$$

$$5 \;\bigcirc\; 3 = 8$$

$$4 \;\bigcirc\; 1 = 5$$

$$8 \;\bigcirc\; 4 = 4$$

$$2 \;\bigcirc\; 1 = 3$$

$$9 \;\bigcirc\; 6 = 3$$

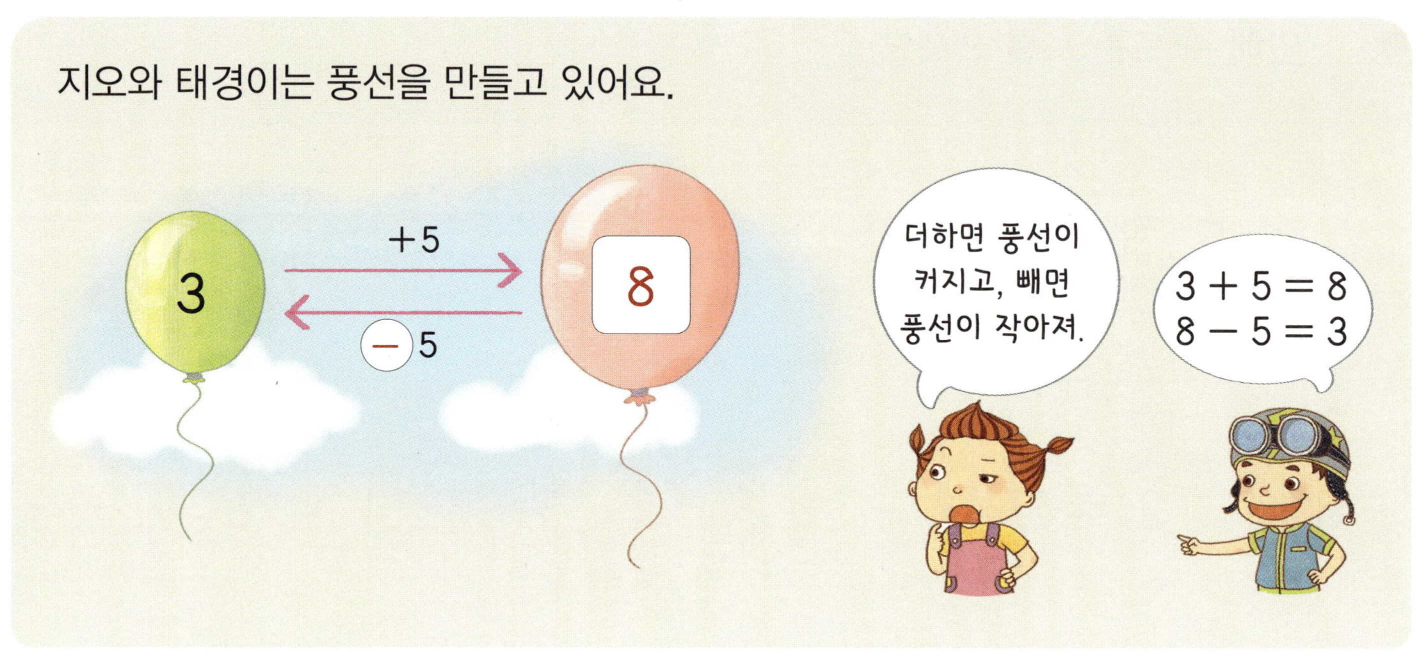

◯ 안에는 + 또는 −를 쓰고, ☐ 안에는 알맞은 수를 쓰세요.

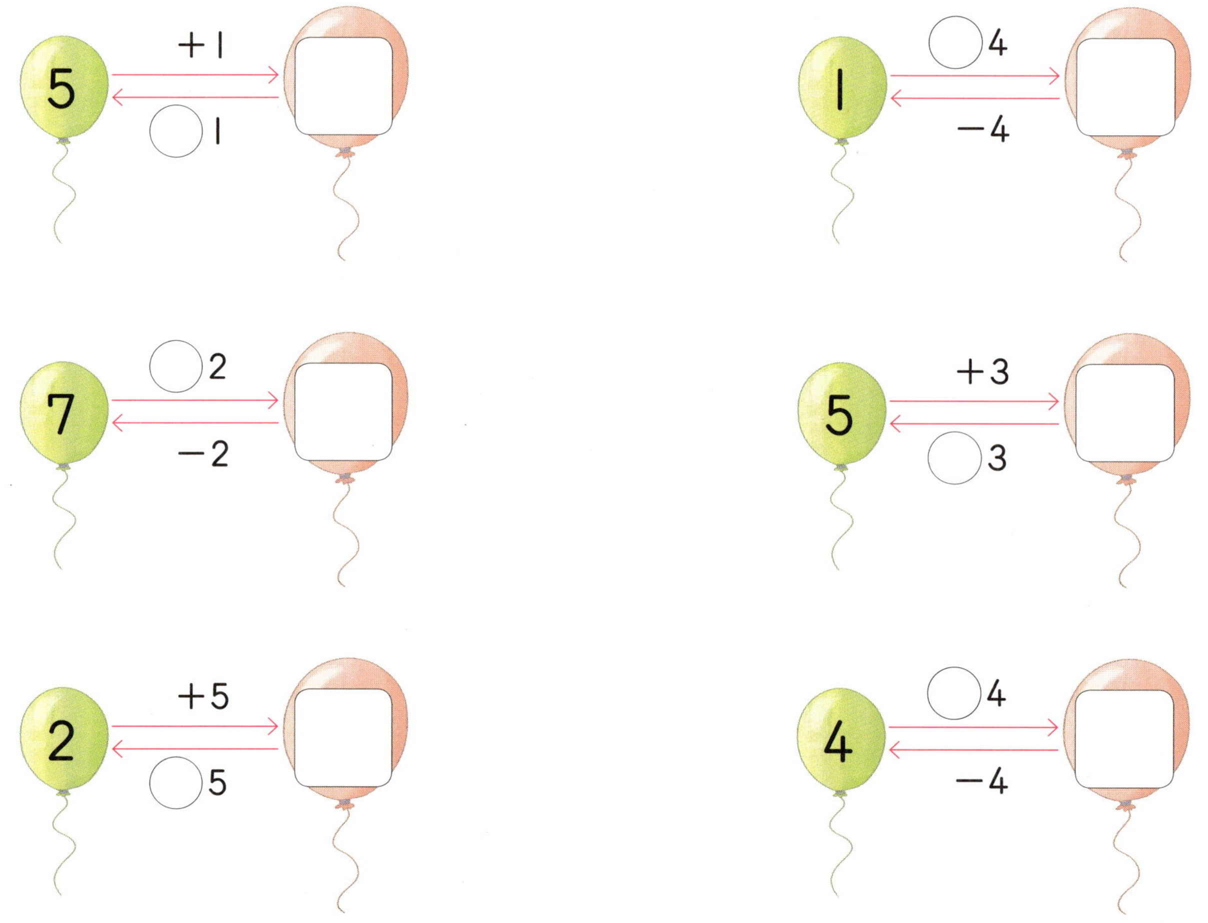

$$7 \;\bigcirc\!\!-\;\; 2 = 5$$

$$3 \;\bigcirc\; 3 = 6 \qquad\qquad 6 \;\bigcirc\; 2 = 4$$

$$8 \;\bigcirc\; 7 = 1 \qquad\qquad 8 \;\bigcirc\; 1 = 9$$

$$5 \;\bigcirc\; 2 = 3 \qquad\qquad 4 \;\bigcirc\; 3 = 7$$

$$7 \;\bigcirc\; 2 = 9 \qquad\qquad 5 \;\bigcirc\; 4 = 1$$

덧셈과 뺄셈의 관계

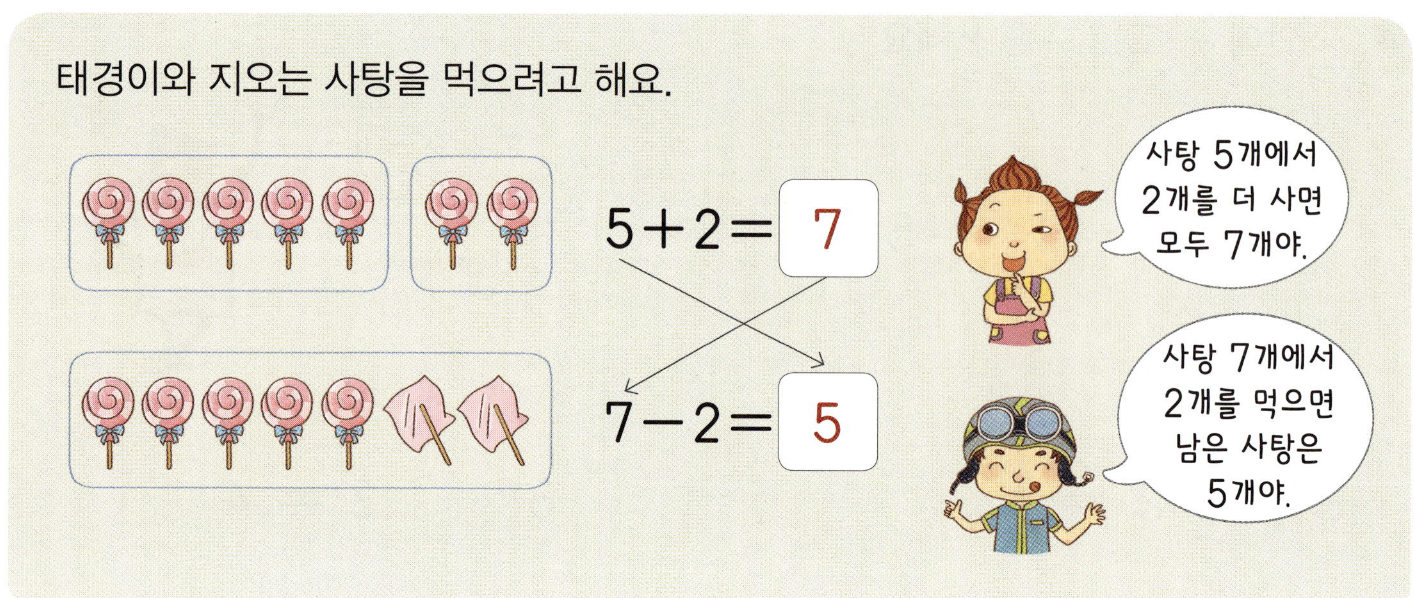

🌳 ◻ 안에 알맞은 수를 쓰세요.

● 덧셈과 뺄셈을 하세요.

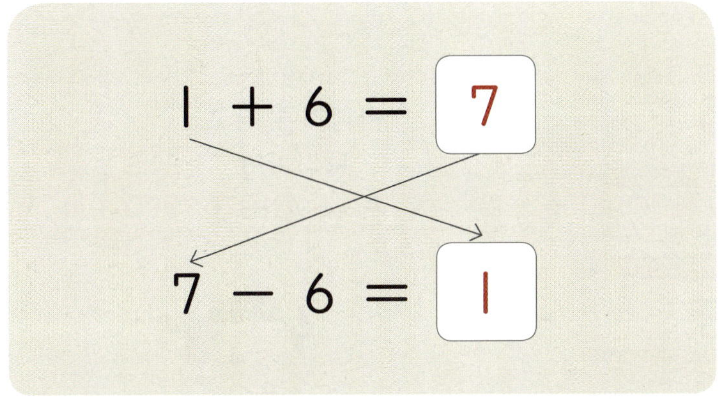

$1 + 6 = \boxed{7}$

$7 - 6 = \boxed{1}$

$3 + 4 = \square$

$7 - 4 = \square$

$4 + 1 = \square$

$5 - 1 = \square$

$3 + 6 = \square$

$9 - 6 = \square$

$6 + 2 = \square$

$8 - 2 = \square$

$3 + 3 = \square$

$6 - 3 = \square$

$1 + 8 = \square$

$9 - 8 = \square$

지오와 태경이는 사다리를 타려고 해요.

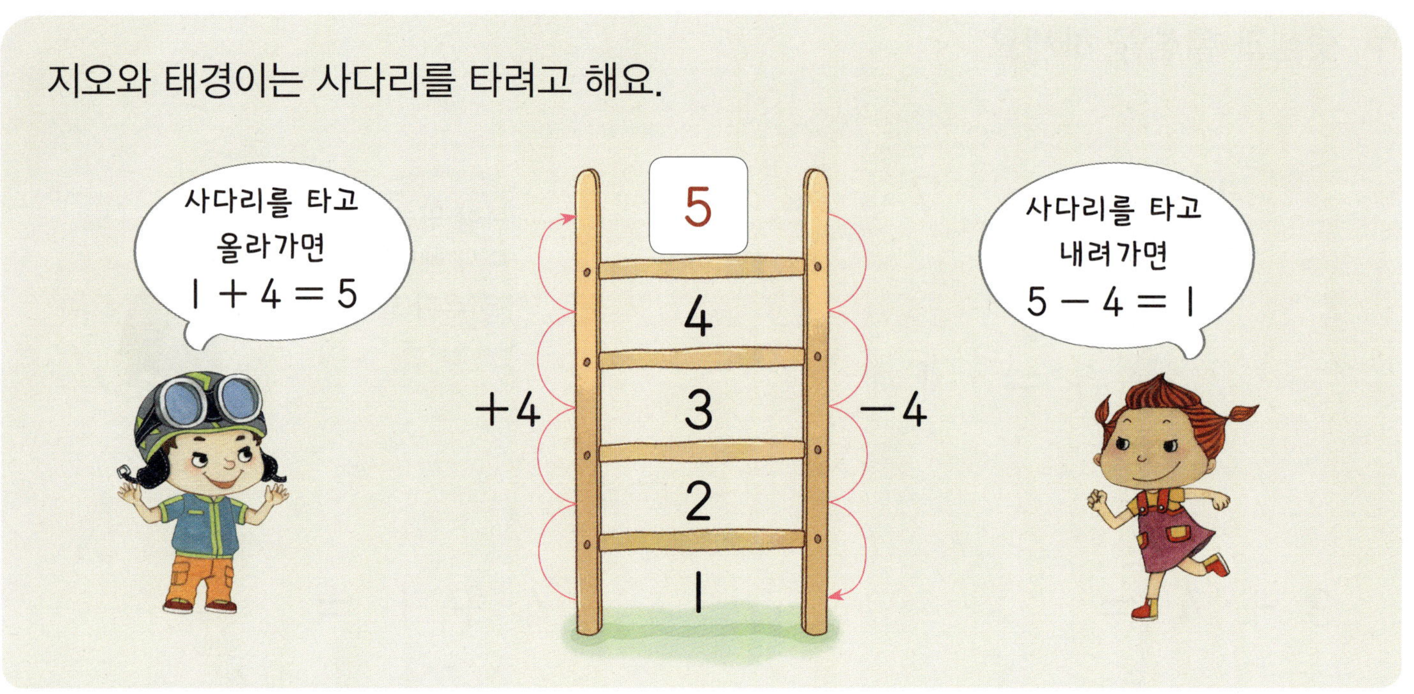

🌳 ☐ 안에 알맞은 수를 쓰세요.

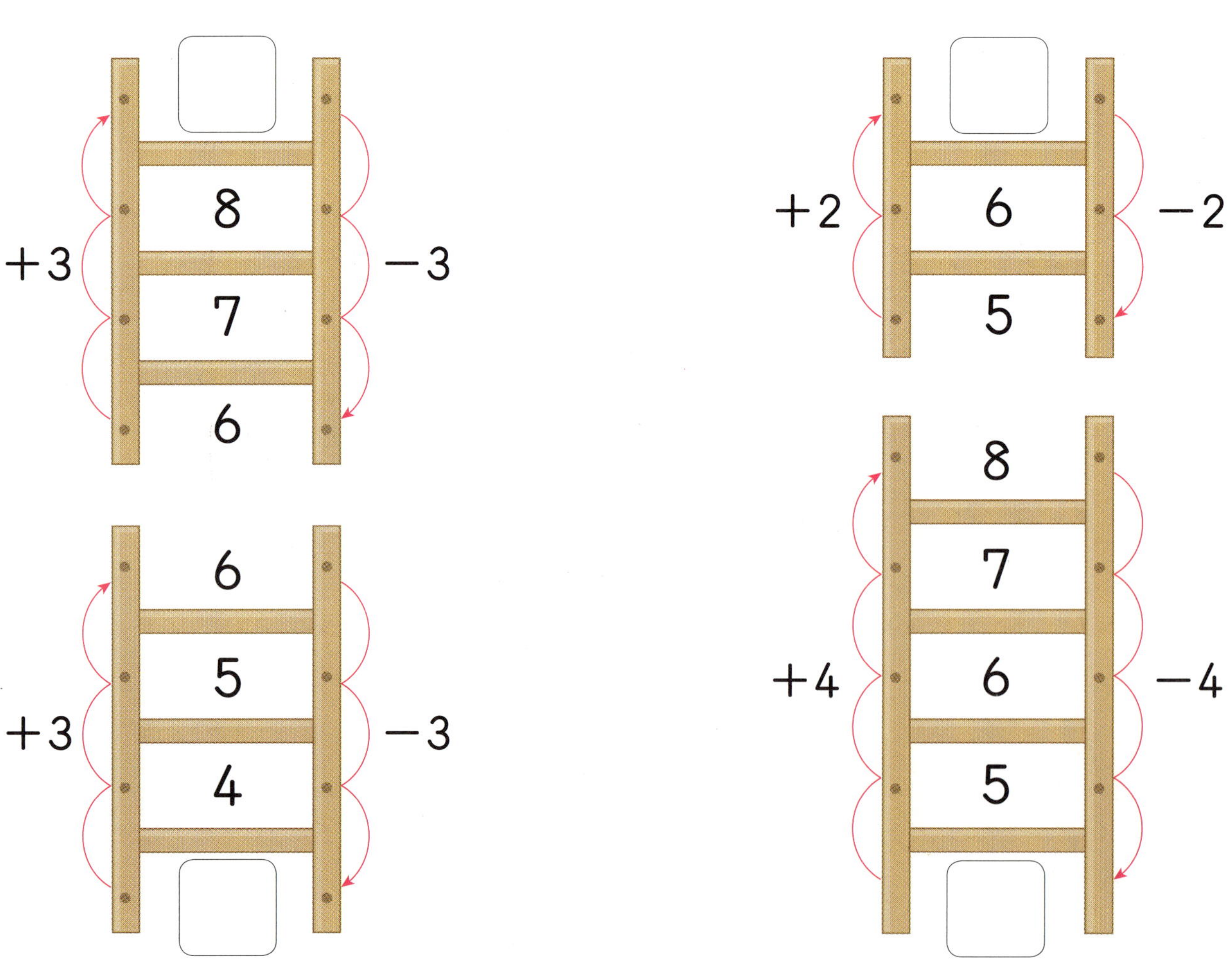

💚 **덧셈과 뺄셈을 하세요.**

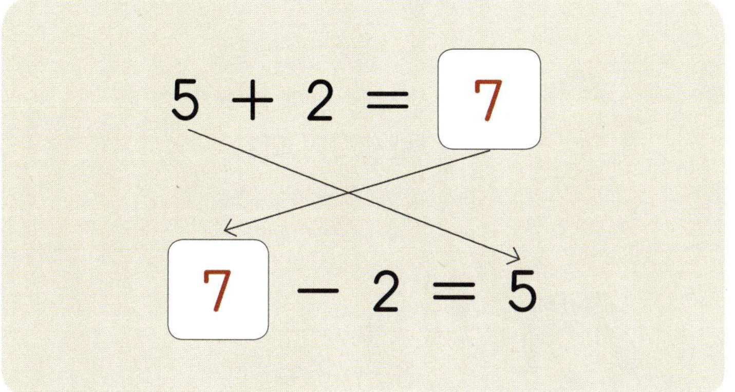

$2 + 3 = \boxed{}$

$\boxed{} - 3 = 2$

$2 + 6 = \boxed{}$

$\boxed{} - 6 = 2$

$1 + 5 = \boxed{}$

$\boxed{} - 5 = 1$

$4 + 5 = \boxed{}$

$\boxed{} - 5 = 4$

$3 + 3 = \boxed{}$

$\boxed{} - 3 = 3$

$1 + 6 = \boxed{}$

$\boxed{} - 6 = 1$

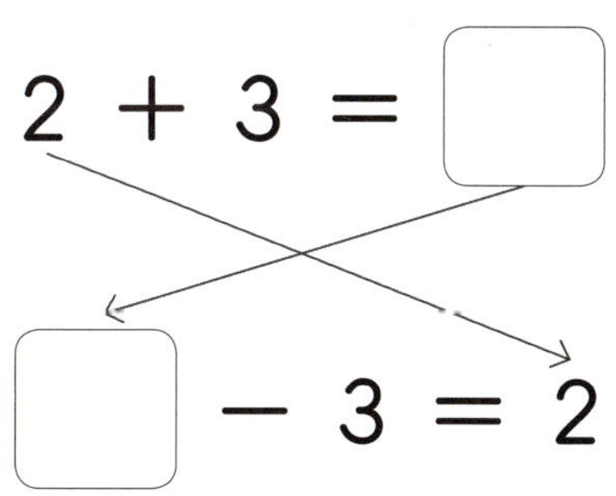

□가 있는 더하기와 빼기

🌳 □ 안에 알맞은 수를 쓰세요.

🌳 ☐ 안에 알맞은 수를 쓰세요.

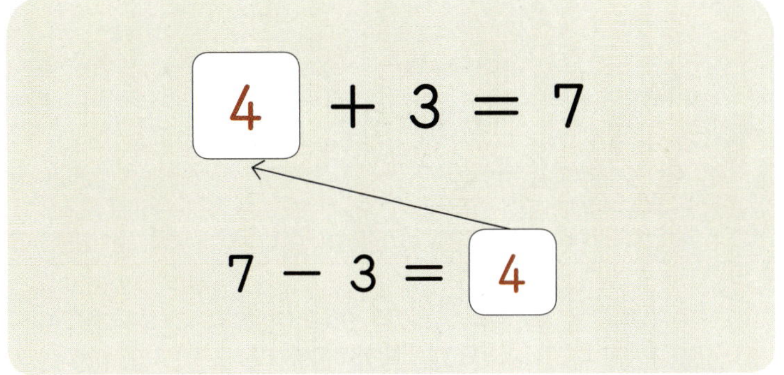

$$\boxed{4} + 3 = 7$$

$$7 - 3 = \boxed{4}$$

$\boxed{} + 4 = 5$ $\boxed{} + 2 = 7$

$\boxed{} + 1 = 8$ $\boxed{} + 3 = 6$

$\boxed{} + 2 = 4$ $\boxed{} + 7 = 9$

$\boxed{} + 6 = 7$ $\boxed{} + 5 = 8$

지오와 태경이는 구슬을 가지고 놀고 있어요.

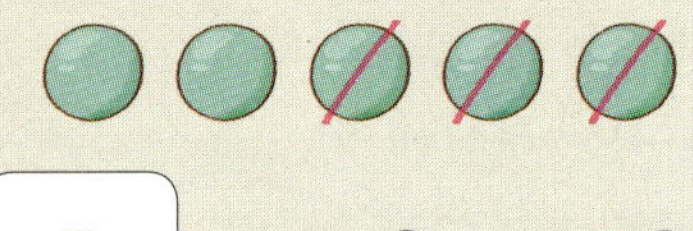

$$5 - 3 = 2$$

$$2 + 3 = 5$$

🌳 □ 안에 알맞은 수를 쓰세요.

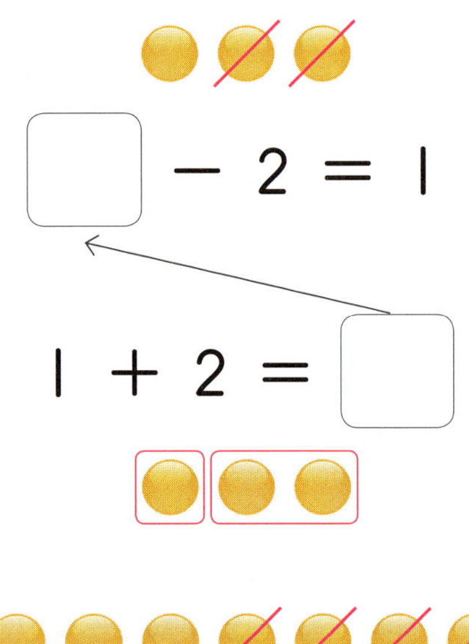

$$□ - 2 = 1$$

$$1 + 2 = □$$

$$□ - 1 = 6$$

$$6 + 1 = □$$

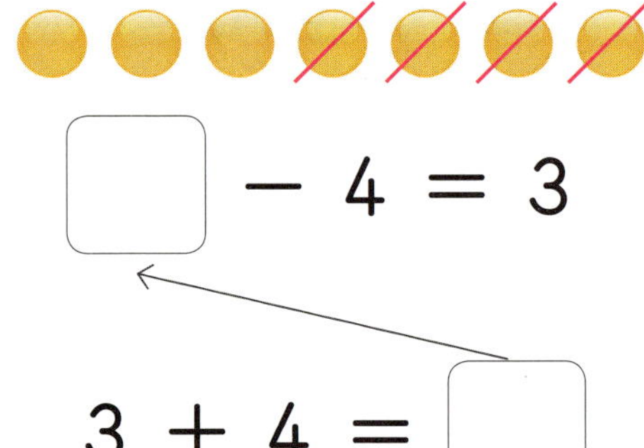

$$□ - 4 = 3$$

$$3 + 4 = □$$

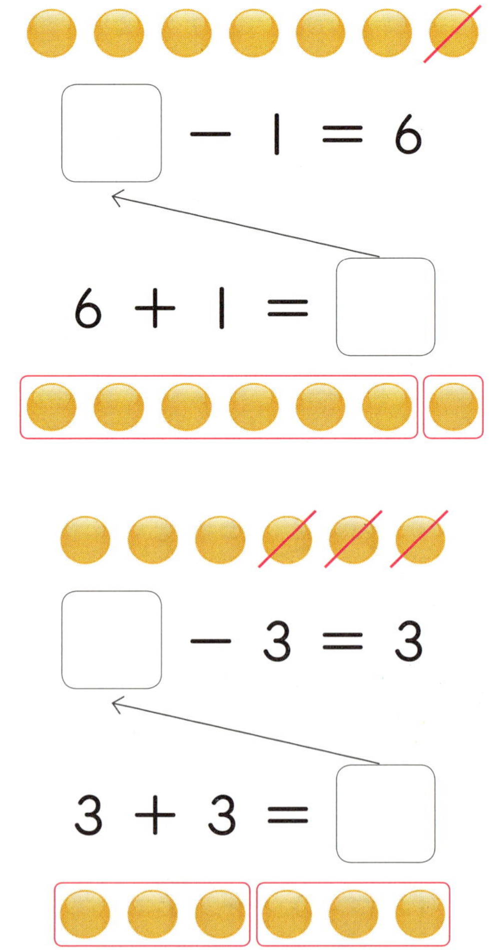

$$□ - 3 = 3$$

$$3 + 3 = □$$

● ☐ 안에 알맞은 수를 쓰세요.

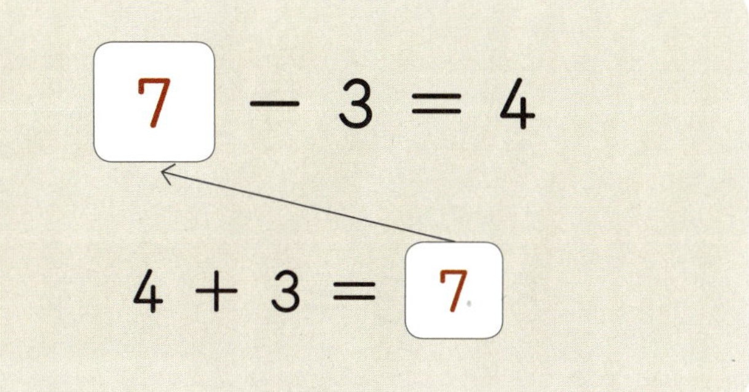

$$7 - 3 = 4$$

$$4 + 3 = 7$$

☐ $- 1 = 2$ ☐ $- 2 = 4$

☐ $- 4 = 4$ ☐ $- 7 = 2$

☐ $- 3 = 5$ ☐ $- 2 = 2$

☐ $- 4 = 3$ ☐ $- 6 = 2$

무엇을 배웠을까요

올바른 식이 완성되도록 선으로 이으세요.

덧셈과 뺄셈을 하세요.

$1 + 2 = \boxed{}$　　　　$2 + 6 = \boxed{}$

$7 - 2 = \boxed{}$　　　　$9 - 6 = \boxed{}$

▲ 올바른 식이 완성되도록 선으로 이으세요.

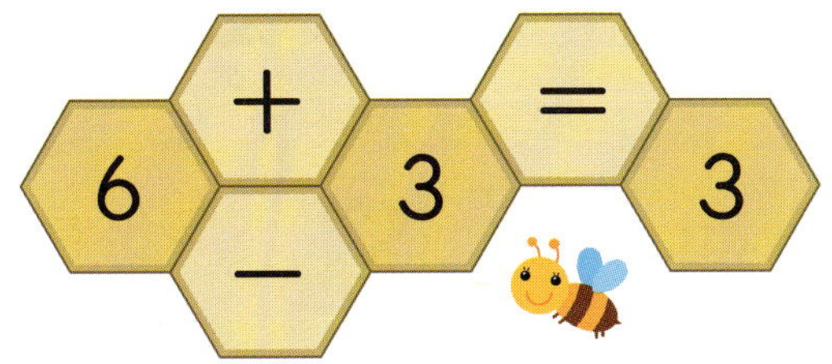

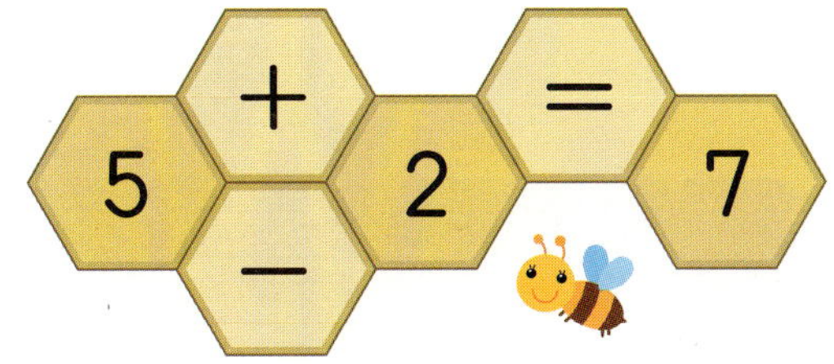

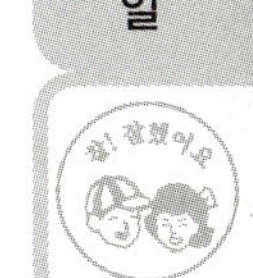

6 (+, −) 3 = 3

5 (+, −) 2 = 7

▲ ▢ 안에 알맞은 수를 쓰세요.

2 + 5 = ▢

7 − 5 = ▢

4 + 5 = ▢

9 − 5 = ▢

▲ ▢ 안에 알맞은 수를 쓰세요.

▢ + 5 = 8

8 − 5 = ▢

▢ + 3 = 9

9 − 3 = ▢

공부한 날

월

일

참 잘했어요

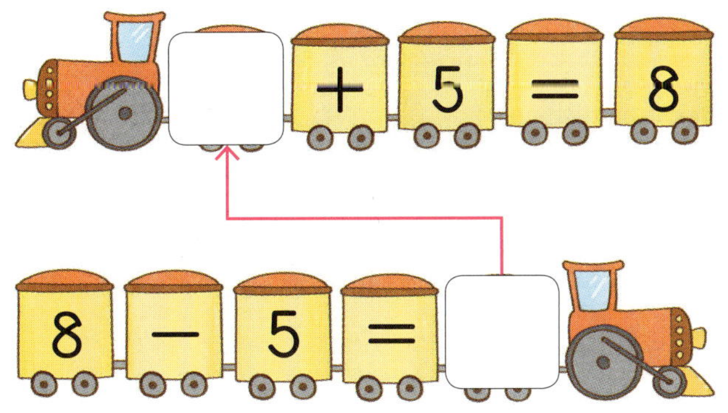

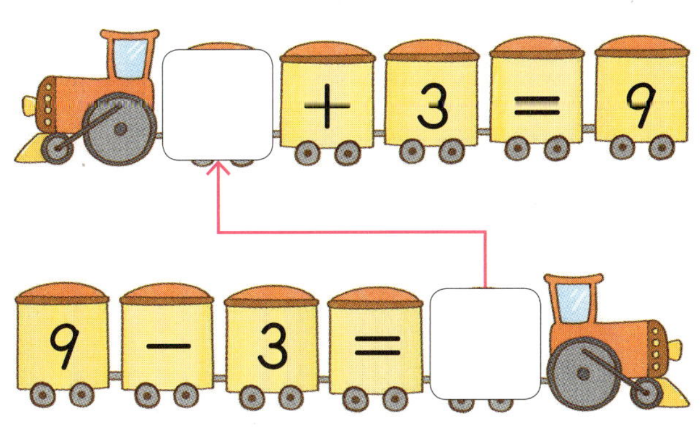

연산력 게임

QR코드를 찍으면 다양한 연산 게임을 할 수 있어요.

손가락셈

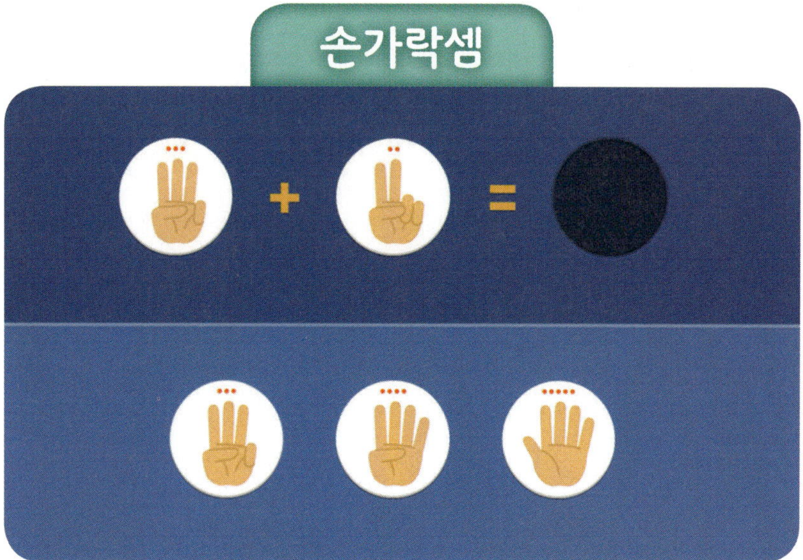

빈 곳에 들어갈 손가락은 어느 것일까요?

아래쪽에서 빈 곳에 들어갈 알맞은 것을 골라 손가락으로 끌어서 넣으세요. 왼쪽에서부터 세 번째 것을 넣으면 정답입니다.

오른손에 있는 구슬의 수를 구해 볼까요?

오른손에 놓일 구슬의 수를 구해 오른쪽에서 알맞은 것을 골라 눌러 주세요. 맨 위에 것을 누르면 정답입니다.

숨겨진 구슬 찾기

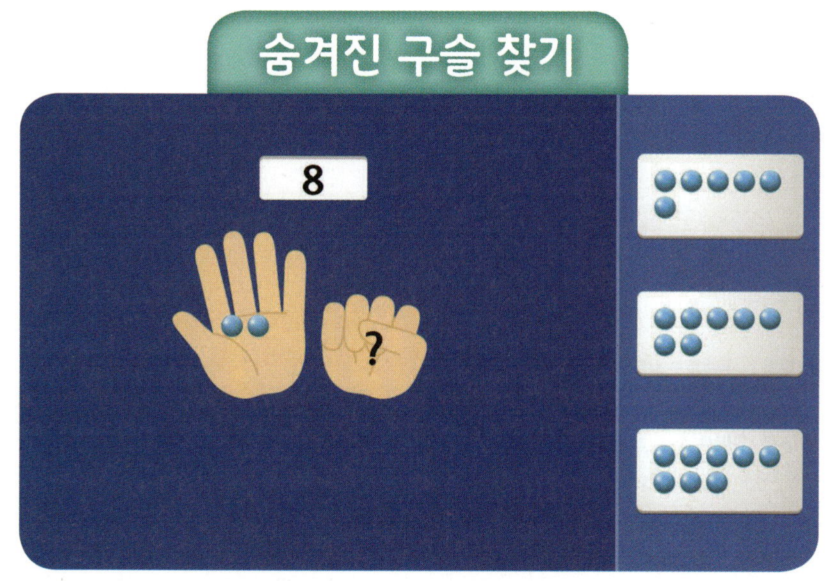

연산 보충 학습

❖ 덧셈을 하세요.

$5 + 2 = \boxed{}$

$4 + 1 = \boxed{}$

$7 + 1 = \boxed{}$

$5 + 3 = \boxed{}$

$5 + 4 = \boxed{}$

$4 + 2 = \boxed{}$

❖ 가로셈과 세로셈을 하여 ◯ 안에 알맞은 수를 쓰세요.

$$\begin{array}{r} 4 \\ +\ 3 \\ \hline \end{array}$$

$4 + 3 = \boxed{}$

$$\begin{array}{r} 3 \\ +\ 1 \\ \hline \end{array}$$

$3 + 1 = \boxed{}$

$$\begin{array}{r} 6 \\ +\ 1 \\ \hline \end{array}$$

$6 + 1 = \boxed{}$

$$\begin{array}{r} 4 \\ +\ 2 \\ \hline \end{array}$$

$4 + 2 = \boxed{}$

❖ ☐ 안에 알맞은 수를 쓰세요.

$3 + \boxed{} = 5$　　　　$2 + \boxed{} = 4$

$4 + \boxed{} = 8$　　　　$7 + \boxed{} = 8$

$3 + \boxed{} = 6$　　　　$5 + \boxed{} = 7$

$\boxed{} + 2 = 6$　　　　$\boxed{} + 3 = 9$

$\boxed{} + 1 = 6$　　　　$\boxed{} + 3 = 8$

$\boxed{} + 2 = 9$　　　　$\boxed{} + 1 = 4$

작은 수 더하기 큰 수

❖ 큰 수에 ◯한 다음, 덧셈을 하세요.

$2 + 4 = \boxed{}$ $\qquad$ $2 + 3 = \boxed{}$

$2 + 5 = \boxed{}$ $\qquad$ $3 + 4 = \boxed{}$

$2 + 7 = \boxed{}$ $\qquad$ $2 + 6 = \boxed{}$

❖ 가로셈과 세로셈을 하여 덧셈을 하세요.

$$\begin{array}{r} 1 \\ +\ 3 \\ \hline \boxed{} \end{array}$$

$1 + 3 = \boxed{}$

$$\begin{array}{r} 3 \\ +\ 6 \\ \hline \boxed{} \end{array}$$

$3 + 6 = \boxed{}$

$$\begin{array}{r} 3 \\ +\ 5 \\ \hline \boxed{} \end{array}$$

$3 + 5 = \boxed{}$

$$\begin{array}{r} 1 \\ +\ 5 \\ \hline \boxed{} \end{array}$$

$1 + 5 = \boxed{}$

❖ ☐ 안에 알맞은 수를 쓰세요.

$4 + \boxed{} = 8$

$1 + \boxed{} = 3$

$2 + \boxed{} = 7$

$3 + \boxed{} = 9$

$2 + \boxed{} = 8$

$3 + \boxed{} = 7$

$\boxed{} + 5 = 8$

$\boxed{} + 4 = 6$

$\boxed{} + 6 = 7$

$\boxed{} + 3 = 5$

$\boxed{} + 5 = 7$

$\boxed{} + 7 = 8$

빼기

❖ 뺄셈을 하세요.

$6 - 3 =$ ☐

$9 - 6 =$ ☐

$5 - 4 =$ ☐

$9 - 7 =$ ☐

$8 - 4 =$ ☐

$7 - 1 =$ ☐

❖ 가로셈과 세로셈을 하여 ☐ 안에 알맞은 수를 쓰세요.

$$\begin{array}{r} 4 \\ -\ 1 \\ \hline \end{array}$$

$4 - 1 =$ ☐ ☐

$$\begin{array}{r} 8 \\ -\ 7 \\ \hline \end{array}$$

$8 - 7 =$ ☐ ☐

$$\begin{array}{r} 6 \\ -\ 3 \\ \hline \end{array}$$

$6 - 3 =$ ☐ ☐

$$\begin{array}{r} 7 \\ -\ 5 \\ \hline \end{array}$$

$7 - 5 =$ ☐ ☐

❖ ⬜ 안에 알맞은 수를 쓰세요.

$8 - \boxed{} = 6$　　　　$7 - \boxed{} = 2$

$7 - \boxed{} = 3$　　　　$3 - \boxed{} = 1$

$7 - \boxed{} = 4$　　　　$9 - \boxed{} = 5$

$\boxed{} - 3 = 2$　　　　$\boxed{} - 1 = 8$

$\boxed{} - 5 = 3$　　　　$\boxed{} - 6 = 2$

$\boxed{} - 2 = 5$　　　　$\boxed{} - 4 = 2$

관련 쪽수: 78~99쪽

❖ 덧셈과 뺄셈을 하세요.

$2 + 4 = \boxed{}$

$9 - 3 = \boxed{}$

$6 + 2 = \boxed{}$

$9 - 5 = \boxed{}$

❖ ◯안에 + 또는 −를 쓰세요.

$4 \bigcirc 1 = 3$

$8 \bigcirc 5 = 3$

$7 \bigcirc 6 = 1$

$2 \bigcirc 1 = 3$

❖ ☐ 안에 알맞은 수를 쓰세요.

$\boxed{} + 2 = 7$

$\boxed{} + 6 = 9$

$\boxed{} - 3 = 3$

$\boxed{} - 7 = 2$